El arte de la comunicación es a[l]
seguir trabajando día a día. Co[n]
líderes, nuestra meta principal es transmitir el mejor
mensaje posible a un mundo necesitado. Si nuestra manera de
comunicar este mensaje no es atractiva y no llega al corazón del
oyente, nuestro trabajo habrá sido en vano y habremos perdido
una gran oportunidad. Aunque el mensaje sea bueno, el cómo
se lo presenta es muy importante. Si no estás comunicando
tu mensaje de la mejor manera, este está siendo irrelevante.
Por esta razón recomiendo este libro de Andrés Spyker,
para que puedas darte cuenta y entender la importancia de
presentar un mensaje que lleve un fruto que permanezca.

Robert Barriger – *Pastor fundador de Camino de Vida, Perú.*

Andrés Spyker ha llegado a ser una voz sobresaliente y relevante
para esta generación, combinando su amor por la Palabra de Dios
con la practicidad y el arte de un predicador que se conecta con el
corazón de su audiencia. Creo que este libro será un clásico para
todo comunicador y predicador. ¡Altamente recomendado!

Danilo Montero – *Iglesia Lakewood, Houston, USA.*

He visto de cerca la entrega, devoción, excelencia y pasión con
la cual Andrés edifica la vida de tantas personas a través de la
predicación. Estoy convencido de que su experiencia, su historia y
la sabiduría que Dios le ha dado te desafiará, inspirará y levantará
tu vida a nuevos niveles de fe a través de este libro.

Como predicador sé que el arte de la comunicación es algo en el
cual siempre debemos crecer, mejorar y evolucionar. Es por eso
que estoy seguro de que las páginas de este libro te van a ayudar a
ser la mejor versión de ti mismo como orador/a.

Chris Méndez – *Pastor Hillsong América Latina.*

Este libro no solo te dará una clara guía de cómo puedes construir tus prédicas, sino que también te inspirará a valorar este maravilloso llamado inmerecido que tenemos de ser la voz de Dios para este mundo y te desafiará no solo a ser mejor dando un mensaje sino a ser tú mismo el mensaje del que hablas. ¡Oro puro!

Natalia Nieto – *Iglesia El Lugar de Su Presencia, Bogotá, Colombia.*

No podría pensar en una mejor persona para hablar y enseñar sobre este tema que el Pastor Andrés Spyker. Capaz de simplificar el tema más complejo e iluminar a la persona con el contexto más diferente, Andrés, en mi opinión, es de los mejores expositores y comunicadores que México y Latinoamérica han visto. No puedo esperar a que el mundo y la Iglesia seamos beneficiados por la sabiduría, trayectoria y el don plasmado en estas palabras.

Kim Richards Aguilar – *Comunidad Olivo, México.*

Desde hace algunos años soy un fiel seguidor de los sermones de Andrés Spyker y aprendo de ellos, tanto de su contenido como de su forma. Cuando afirmo que aprendo de los sermones de Andrés, me refiero literalmente a que lo tengo como un instructor en el fascinante arte de la predicación. Andrés es lo que yo llamo el predicador de las tres caras: maestro, profeta y artista. Maestro porque comunica el mensaje bíblico correcto, profeta porque comunica el mensaje oportuno para el momento y artista porque hace que el mensaje sea algo inolvidable en la mente del oyente. Gracias Andrés por escribir este libro y compartir con nosotros lo que sabes sobre la comunicación.

Itiel Arroyo - *Predicador y autor.*

Andrés Spyker es un líder cristiano extraordinario, un comunicador internacional y un hombre con una misión: traer esperanza a los desesperanzados y levantar las vidas de las personas a nuevos niveles. Es un hombre de familia íntegro, esposo y padre amoroso. Este libro te inspirará a convertirte en un mejor y más claro comunicador. A través de sus historias y principios de sabiduría creo firmemente que tu vida no será igual.

Brenden Brown - *Pastor Hillsong San Francisco.*

Sin duda Andrés es uno de los grandes comunicadores de la Palabra de Dios con los que el Espíritu Santo ha bendecido a la iglesia hispana. En este libro encontrarás dirección y herramientas prácticas para poder crecer en tu capacidad de comunicar en público el mensaje del Evangelio de una forma eficaz, relevante y fresca. En medio de los tiempos que vivimos, con cientos de mensajes intentando cautivar nuestra atención, la iglesia debe ser excelente en su forma de comunicar y, sin duda, este libro nos lo pone un poco más fácil. ¡Gracias Andrés por tu corazón por la iglesia de habla hispana!

Juan Mejías - *Pastor Hillsong España.*

Cristo nos da las armas que tú y yo necesitamos para la victoria. Este libro sistematiza de forma clara y eficaz las herramientas para consolidar las rutas que te lleven hacia la batalla de la Gran Comisión. Andrés Spyker ha consolidado un libro al servicio de la creatividad e inspiración en su estado más puro; letras que demuestran que la pasión con disciplina te hace eficaz, y que el enfoque y la visión a través del orden te hacen productivo. Encontrarás una técnica que te auxiliará dentro del proceso creador y generativo de tu identidad al servicio de lo eterno. Hojas llenas de bendición que te harán florecer.

Daniel Habif - *Escritor, conferencista.*

PREDICACIÓN AL SIGUIENTE NIVEL

EL ARTE DE COMPARTIR MENSAJES QUE IMPORTAN

ANDRÉS SPYKER

ESTEBAN GRASMAN   JESIAH HANSEN

e625.com

e625.com

Predicación al siguiente nivel
Andrés Spyker

Publicado por especialidades625® © 2021
Dallas, Texas.

ISBN 978-1-946707-45-1

Todas las citas bíblicas son de la Nueva Biblia Viva (NBV) a menos que se indique lo contrario.

Editado por: Marcelo Mataloni
Diseño de portada e interior: Creatorstudio.net

Dedicatoria

Quiero dedicar este libro a mis padres, Juan y Marla Spyker.

Papá, mamá: ustedes creyeron en mí y me dieron las oportunidades; incluso me obligaron a predicar, aun cuando yo no creía que podía hacerlo. Siempre vieron algo en mí que ni yo ni nadie más veía. Hasta el día de hoy me celebran cuando predico y siguen viendo más potencial del que yo puedo ver. Gracias por orar por mí, por amarme y por modelar una vida de amor y servicio genuino para Dios y las personas. Siempre será un orgullo ser llamado el hijo de *Juan y Marla Spyker.*

Agradecimientos

A Kelly, mi esposa. Cada vez que predico me dices que fue increíble; cada vez que fracaso, me levantas. Me has enseñado la importancia de contar historias y celebrar los detalles. Me has inspirado a ir a nuevos niveles en mi predicación. Sin tu amor, tus enseñanzas y tu paciencia no sería un predicador... así de sencillo. Te amo.

A Jared, Lucas y Sofía, mis hijos. Antes de predicar a una multitud siempre he querido enseñarles la Biblia, y ustedes son los mejores alumnos: siempre haciendo preguntas, siempre queriendo aprender. Enseñarles a ustedes la Biblia ha sido la escuela de Dios para enseñarme a mí cómo explicar las Escrituras a los demás, y ser su padre ha sido mi campo de entrenamiento para poner en práctica lo que aprendo en la Biblia. Los amo demasiado.

A Pablo Johansson, mi pastor. Si tuviera que explicar su manera de vivir y predicar sería: el cielo en la tierra. Siempre tiene una perspectiva profética, bíblica y celestial, y siempre la expone con una franqueza, un humor, una confianza y una compasión tan humanos, tan cercanos, tan reales. Durante mi primer año como pastor principal usé sus prédicas porque no sabía qué tema tratar, y hasta el día de hoy me da enseñanzas que uso al predicar. Gracias por tanto.

A Bob Sorge, uno de mis más queridos mentores. De usted aprendí la importancia de estar en la presencia de Dios, de meditar y meditar, de conversar con Dios lo que leo, de ir más allá de lo aparente y de tener un peregrinaje y una historia de amor con Dios. Gracias por modelar una vida de compromiso y amor a Jesús como pocos en el mundo.

A Más Vida, la iglesia donde servimos. ¡Gracias! Al pensar en ustedes, tengo gozo y lágrimas de alegría. Han sido tan pacientes, han escuchado mis peores prédicas y han sido testigos de todas mis etapas: inexperto, legalista, arrogante, tímido y aprendiz, y nos han mostrado honor y amor constantes durante todos estos años. Con ustedes aprendí a servir a Jesús, a amar como Jesús y a predicar a Jesús. Los amo.

A todos los predicadores que he imitado, estudiado y admirado a lo largo de los años: gracias por invertir tanto en darnos una palabra de parte de Dios, gracias por su transparencia y excelencia.

A nuestro equipo de trabajo para este libro: a Danielle Miranda, por siempre coordinar todo para que las cosas sucedan; a Evangeline O'Regan, por traer claridad de pensamiento y agilizar el proceso; y a Mars Servín, por ayudarme a encontrar las palabras correctas y asegurar la integridad del libro. Gracias por dar lo mejor de ustedes.

A Jesiah Hansen y Esteban Grasman, por escribir los pop-ups de comentarios en este libro. Tuvieron que leerlo todo e invertir tiempo considerable agregando sus ideas, ejemplos, opiniones y humor; no habría sido lo mismo sin ustedes. Han hecho de esta obra un mejor libro, tal como su amistad me ha hecho una mejor persona. Gracias.

A Lucas Leys, por impulsarme a escribir un libro. Había querido hacerlo por años, y tú no dejaste de presionarme (en buena onda, claro) hasta que tuve que aceptar; gracias porque tu insistencia terminó de animarme a hacerlo. Valoro mucho todo tu esfuerzo por crear material relevante para la iglesia.

Y, sobre todo, al que me llamó, me capacitó y me ha sostenido; a mi salvador, al autor y perfeccionador de mi fe, a quien sirvo y predico: Cristo Jesús, mi Señor. GRACIAS. Te doy toda la gloria.

Contenido

Prólogo

Andrés Spyker está en mi listado de predicadores favoritos, por eso cuando supe que iba a escribir un libro sobre cómo predicar, pensé: «Ese es un libro que todo comunicador debe leer».

Recuerdo que en una ocasión, cuando él vino a predicar a la iglesia, uno de nuestros pastores le pidió sus secretos para predicar y nos los dio todos; desde ese día esos principios nos han ayudado a ser mejores predicadores. Esos principios están en este libro así que si quieres ser un gran comunicador, sin duda debes leerlo.

Andrés es hijo de pastor y por eso estoy seguro de que, al igual que yo, desde muy niño tuvo que oír muchos sermones largos y aburridos. Esto hizo que algunos hijos de pastores se rebelaran, pero Dios usó esas experiencias para darnos una insatisfacción santa que nos llevó a tener iglesias contemporáneas que le llegan a la nueva generación con mensajes coloridos como en *Instagram* y breves como en *Twitter*; precisamente de eso nos habla Andrés.

Pero además de interesantes, nuestros mensajes deben ser:

1. Relevantes. Tenemos que responder las preguntas de la gente: ¿Cómo? ¿Con quién? ¿Por qué? ¿Para qué? ¿Cuándo? Tenemos que predicar a sus necesidades: depresión, soledad, desempleo, enfermedad, problemas en el hogar... Y esa es una de las ventajas de la predicación temática.

2. Transparentes. Un predicador no es alguien superior a

los demás, sino una persona que tiene el don de predicar y autoridad porque tuvo un cambio de vida, fue liberado de sus hábitos pecaminosos, ha vencido sus demonios y su vida tiene fruto. Una persona así es transparente y la gente se identifica con ella. Andrés dice: «Para discipular es necesario abrir tu vida» y un gran ejemplo de predicación transparente es su mensaje: «El plan dentro del plan».

3. PRÁCTICOS. Las personas deben salir de nuestras prédicas desafiadas a cambiar, y sabiendo qué hacer y cómo hacerlo. «¿Qué quiero que hagan?», es la pregunta que se hace Andrés para llevarnos a la acción.

4. BÍBLICOS. Es obvio, pero lo tengo que mencionar porque muchos ya no predican lo que la Biblia dice sino lo que la gente quiere oír. Las personas todo el tiempo están siendo bombardeadas en el mundo por un mensaje anticristiano que promueve el pecado, por eso cada vez que tengamos la oportunidad, prediquemos: «La Biblia dice...».

5. NUESTROS MENSAJES NO PUEDEN SER SELECTIVOS. No podemos predicar solo lo que nos gusta, tenemos que predicar toda la Biblia. Nos gusta predicar acerca de las bendiciones de Dios, pero todas las promesas tienen condiciones. Nos gusta predicar del poder del Espíritu Santo, pero tenemos que balancear ese mensaje con el fruto del Espíritu. Nos gusta predicar acerca de la gracia de Dios, pero la cruz es un mensaje de gracia y de justicia; somos salvos por gracia, pero el precio que Jesús tuvo que pagar por nuestro pecado fue la muerte, «la paga del pecado es muerte, mientras que la dádiva de Dios es vida eterna en Cristo Jesús» (Romanos 6:12 NVI). La ventaja de la predicación expositiva o «expositópica», como la llama Andrés, es que nos obliga a predicar todo el pasaje bíblico y no solo los versículos que nos agradan o nos convienen. Nos gusta dar mensajes que levantan y animan a las

personas, pero ¿cuál es el mensaje que Dios quiere que prediquemos hoy? En el tiempo de Jeremías Dios confrontó a los profetas por dar falsas esperanzas y contar visiones cuando debían predicar arrepentimiento, por eso él les dice que si hubieran pasado tiempo en lo secreto, es decir, en el lugar de oración, habrían predicado las palabras de Dios y eso hubiera hecho que el pueblo se apartara de su mal camino y de sus malas acciones (Jeremías 23:22).

Muchos anhelan predicar y estoy seguro de que con los consejos prácticos de este libro se levantarán grandes predicadores, pero predicar no es solo un privilegio sino una responsabilidad.

Andrés Corson
Pastor fundador de El Lugar de Su Presencia,
Bogotá, Colombia.

Intro

No soy predicador, pero nací para predicar.

Por muchos años, una y otra vez, le pregunté a Dios: «¿Por qué me has llamado a servir predicando, si no soy un predicador?». Creía esto con mucha firmeza, porque era muy malo para predicar; de hecho, mis primeros años fueron muy difíciles.

Al salir del instituto bíblico, a mis 22 años me convertí en el pastor de jóvenes en la iglesia que fundó mi papá, Juan Spyker. El grupo comenzó a crecer y me di cuenta de la importancia de lo que estaba enseñando y predicando. Entonces, un día saqué mis notas de la clase de hermenéutica (el arte de explicar o interpretar) del instituto, unas cuantas más de homilética (el arte de predicar) y empecé a «armar» mis mensajes; a veces salían bien, pero la gran mayoría salían muy mal.

Después empezaron a pedirme que predicara los domingos, tanto en la iglesia principal como en otras de las iglesias afiliadas. Desde la plataforma podía ver a unos dormirse y a otros pararse a mitad de la prédica y salir del auditorio; algunos movían su cabeza —literalmente— como diciendo: «No es correcto lo que dices». La única que me decía que había predicado bien era mi esposa, Kelly. Suelo decir en broma que cuando predicaba los oyentes, en lugar de hacerse cristianos, se hacían ateos, y aunque, en efecto, es una broma, en ese tiempo yo lo percibía en mi mente como una realidad.

Me sentía totalmente fracasado. Veía a otros predicadores del equipo, observaba la manera en que hablaban, conectaban con la audiencia, explicaban la Biblia, contaban historias, integraban humor, etc., y la cantidad de nuevos cristianos al final de sus prédicas era increíble. Además, mi papá y mi mamá son excelentes predicadores, personas realmente ungidas y con gran talento; entonces, al comparar mis prédicas con las de todos ellos, mi conclusión invariablemente era: «Yo no soy predicador». Estaba tan convencido de esto que un día le dije a mi papá —que, por cierto, también era mi pastor y mi jefe de trabajo—: «Por favor, ubícame en cualquier área de la iglesia para servir, la que sea, pero que no requiera predicar. He llegado a la conclusión de que no soy predicador, pero sí quiero servir a Dios como pastor. Solamente no me pidas predicar». Entonces fui enfocándome más en el área administrativa de la iglesia... y yo, feliz.

Un día, mi papá me dice que no tiene predicador para el siguiente domingo en una de las iglesias, que nadie más del equipo está disponible y que yo soy la única opción. Le dije que yo ya no predicaba, que lo sentía mucho, y entonces me dijo: «Pues mira, soy tu jefe, y lo siento mucho más que tú, pero tienes que predicar este domingo». No tuve alternativa, así que me puse a orar y estudiar. Le dije a Dios: «Pues no soy predicador, pero en obediencia tengo que predicar este domingo, así que tienes que ayudarme». Y así lo hizo. Ese domingo muchas personas se reconciliaron con Cristo, y hasta sanidades ocurrieron durante el mensaje. Sentí entonces que Dios me habló muy claro, diciéndome: «Quizás tú no te ves como predicador, pero naciste para predicar». En ese momento entendí que para predicar se requiere más que talento, se requiere un llamado, y que si tienes el llamado pero no tienes mucho talento, necesitas desarrollar tu poco talento para ejercer con la mayor excelencia posible el llamado que Dios te ha encomendado.

Me determiné a aprender a comunicar mejor; si esto iba a ser parte de mi llamado y servicio a Dios, quería darle lo mejor.

Empecé a estudiar a otros predicadores, a tomar notas de sus mensajes y de cómo los desarrollaban; hacía muchas preguntas a los buenos predicadores del equipo pastoral; entrevistaba a cada predicador que venía a la iglesia. De hecho, por un tiempo copié el estilo de prédica de otros predicadores (hasta sus inflexiones de voz), y a veces incluso copiaba el mensaje tal cual (claro, con resultados muy pobres, pero luego hablaré más acerca de esto). Leí libros, consulté manuales y... practiqué, practiqué, practiqué y practiqué.

Hoy en día me causa gracia —e incluso cuando lo escucho no lo creo— que personas digan que soy buen predicador, o que otros pastores usen mis enseñanzas como base para sus propias predicaciones. Pero, aun a pesar de mí mismo, en los últimos años he tenido que aceptar que además de haber nacido para predicar, en verdad también soy un predicador.

Lo que voy a compartir contigo en este libro resume años de estudio, aprendizaje y experiencia en la predicación, y me alegra tanto que mis amigos Esteban Grasman y Jesiah Hansen enriquezcan mi trabajo con sus comentarios. Sé lo que significa tener que aprender a predicar sin ser un comunicador nato, y por eso los principios e ideas que aquí vamos a estudiar pueden ayudar a todo tipo de comunicador: quizás eres maestro o líder de un equipo de voluntarios o de un grupo pequeño; quizás tu profesión exige que hables en público o tan solo tienes deseo de aprender a comunicar mejor; quizás quieres ser *youtuber* o algo por el estilo. Sea cual sea el caso, al final de cuentas predicar también es comunicar, y es mi opinión que la comunicación moderna derivó de los predicadores y maestros de la Biblia, por lo que, desde mi perspectiva, la predicación es la base de la comunicación pública.

Es mi más profundo anhelo que Dios use este libro para ayudarte a dar un paso más hacia la efectividad en el llamado que ha puesto sobre ti.

1
Predicar: un arte, una profesión, un llamado

Predicar, sin duda, es las tres cosas: un arte, una profesión y un llamado, pero primeramente la predicación es un llamado. Es más que comunicar, ya que cuando predicas comunicas, pero cuando comunicas no necesariamente estás predicando. Hay grandes comunicadores que no son predicadores; los hay cristianos, ateos y de cualquier otra religión, ideología o postura filosófica, pero predicar o ser un predicador del Evangelio tiene, ineludiblemente, el fundamento de ser un llamado de parte de Dios.

Tener el llamado a predicar significa, entonces, que puedo desarrollar el arte de predicar y también puede ser mi profesión, puede ser aquello a lo que me dedico al ciento por ciento, pero lo que no es posible es ser predicador solo porque me interesa la profesión, o porque me llama la atención el arte de predicar; eso es querer usar la predicación para mi beneficio, y la predicación existe para el beneficio del reino de Dios y la propagación del Evangelio. Debe tener una base de pureza.

> **El arte del sermón es una práctica y tradición antigua. No es una ciencia ni solamente comunicación, es un arte. Nace de un lugar de amor, pasión, duda, cuestionamientos, humanidad y divinidad. Tiene ímpetu, gozo, incertidumbre, dolor, emoción, creatividad... tiene fuego, como lo describe el profeta Jeremías (20:9). Es un arte en toda la extensión de la palabra.**
>
> **Esteban Grasman**

Les escribe Pablo, sirviente de Jesucristo, llamado y enviado
para predicar las buenas noticias de Dios.
Romanos 1:1

Me encanta esta traducción: «llamado y enviado para predicar». Esta afirmación hace toda la diferencia del mundo. Cuando tienes un llamado haces lo que haces porque estás obedeciendo el propósito de Dios; no tiene que ver con las opiniones de la gente, con lo que está de moda, con tus metas personales o profesionales, con un mecanismo para ser visible y popular, nada de eso. En cambio, tiene todo que ver con el hecho de que Dios te ha apartado para este propósito.

Si bien creo que los principios contenidos en este libro pueden ayudar a todos los que comunican —dentro y fuera de la iglesia—, quiero dejar en claro que predicar el Evangelio es un llamado, y debes estar convencido de

PREDICAR, SIN DUDA, ES LAS TRES COSAS: UN ARTE, UNA PROFESIÓN Y UN LLAMADO, PERO PRIMERAMENTE LA PREDICACIÓN ES UN LLAMADO

ese llamado, dispuesto a morir para cumplir tu propósito, a hacerlo donde sea que Dios te mande, a usar de tus propios recursos para lograrlo; debes ejercerlo con cinco personas o con cinco mil, en una gran ciudad o en un pueblo desconocido, en los medios de comunicación o uno a uno. A veces recibirás un salario por predicar, y a veces ni siquiera las gracias.

Predicar no es una «carrera viable», es un llamado a anunciar el Evangelio de Cristo Jesús. No es un camino al éxito; es más, en ocasiones parecerás un fracasado a los ojos de quienes te ven desde fuera, pero te lo digo de nuevo: predicar no puede ser simplemente un arte o una profesión *sin* ser un llamado.

Pablo se describe a sí mismo como un sirviente de Jesucristo, sujeto a lo que él diga. Lo mismo ha sucedido conmigo. Te aseguro que, si me dieran a elegir, no estaría predicando, pero no hago esto por elección personal sino que lo hago por servir al llamado que Dios me ha dado, y con la pasión y la entrega de las que él es digno. Y ahora que he aprendido a comunicar, me gusta hacerlo; quizás en otras circunstancias incluso trabajaría profesionalmente en algo que requiera comunicación y leería este libro para enriquecer mi conocimiento y experiencia al respecto.

¿Notaste lo que acabo de decir? Sí se trata de comunicar y de aprender a hacerlo con excelencia (estudia, practica, dedícate, haz lo que haces siempre para Dios y da lo mejor), pero *predicar* es otra cosa.

Cuando predicas eres una voz en el desierto, eres la voz de Dios en la tierra, y el diablo quiere callar esa voz con todas sus fuerzas. Serás atacado, tentado, criticado, despreciado, probado; sin embargo, cuando tienes un llamado a predicar, sabes que el nombre de Jesús es más valioso que cualquier sufrimiento que puedas enfrentar. Por otro lado, así como eres atacado, también Dios te protege, te bendice, te levanta y te fortalece; también es sublime la recompensa de ver a personas volver a Dios y saber que Dios usó tu voz —¡sí, tu voz!— para reconciliar a la humanidad con su Creador. ¡Guau! ¡Qué honor, qué privilegio!

En la Biblia Dios usó muchas voces diferentes: las voces de jóvenes y ancianos, mujeres y hombres, ricos y pobres, letrados y no letrados, influyentes y olvidados. Rechazó la idea de que la predicación del Evangelio pertenece a un «perfil único» de persona, ya que es para todo aquel a quien Dios quiere usar y que esté disponible para su llamado. Aunque es más común ver a hombres predicando en la plataforma de una iglesia o dando clases de Biblia, la realidad es que también hay mujeres llamadas a predicar y que lo hacen de forma maravillosa. Algunos escogen un par de versículos en la Biblia para decir que la mujer no debe predicar, pero ese es un pasaje tomado fuera del contexto cultural; aun así, si estudias todo el consejo bíblico en cuanto a las mujeres, verás que Dios usa mujeres para predicar, enseñar, cantar, profetizar, liderar, emprender y mucho más.

De la misma manera, Dios usa una variedad de trasfondos, rasgos, personalidades, estilos y cualidades para hacer llegar el mensaje de su Palabra a la humanidad, por lo que, aun cuando no tengas un «perfil cultural común de predicador», Dios puede usarte para predicar, y en este libro encontrarás herramientas para crecer en ese llamado. Cada parte de este libro está pensada para ayudar a predicadores y comunicadores en cualquier esfera de influencia de la vida, y aun cuando me refiero a predicadores, realmente creo que este libro puede ayudarte en tu comunicación diaria: desde tu casa, con tu familia, hasta en tu trabajo y con tus amistades.

Sé que estás más que listo para seguir adelante y aprender cómo predicar y comunicar, pero permíteme un poco más de «locura».

Permíteme tomar unas líneas para honrar a todos los predicadores: viejos y jóvenes, tradicionales y modernos, urbanos y rurales, de multitudes o de pequeños grupos, elocuentes y sencillos, con pelo o sin pelo, casados y solteros... ¡hombres y mujeres por igual! Gracias por dar su vida para predicar el Evangelio. Gracias por

CUANDO TIENES UN LLAMADO HACES LO QUE HACES PORQUE ESTÁS OBEDECIENDO EL PROPÓSITO DE DIOS

las horas de estudio, oración y meditación para escuchar la voz de Dios y compartirla con tanta gracia. Gracias por no permitir que ataques o tentaciones los desvíen de su llamado. Gracias por modelar una vida que refleja lo que predican. Sus voces son necesarias y están haciendo la diferencia. Oramos para que juntos veamos el mayor despertar de la historia y podamos entregarle a Jesús una gran herencia entre las naciones.

¡Qué momento de la historia para ser predicador!

2
Tipos de comunicación bíblica

En mi familia nos gusta comer (y mucho) y cada uno tiene su comida favorita. En cada cumpleaños, Kelly siempre pregunta al festejado cuál va a ser el menú especial que va a querer. Cada uno pide algo muy diferente: a Jared y a Lucas les gusta más la carne roja (principalmente de res, aunque básicamente aceptan del animal que sea, mientras sea roja); a Kelly y a Sofía les gusta más el pollo, y Kelly sabe prepararlo de mil maneras deliciosas; y a mí me gusta más el pescado (un buen huachinango bien preparado y soy la persona más feliz del mundo). Entonces, tenemos gustos y paladares diferentes, pero proteína es proteína y busca el mismo resultado: nutrirte.

De la misma manera, en la Biblia encontramos diferentes tipos de comunicación que Dios ha diseñado para llegar a distintos tipos de audiencia. Por eso escuchas a la gente decir que tiene un maestro, líder o predicador favorito; quizás enseña lo mismo que otro, pero con diferente estilo o «sazón». El punto es que la Palabra es la Palabra y debe producir el mismo resultado: nutrir nuestro espíritu y guiarnos a Jesús.

No creo que haya un único y mejor estilo de comunicar, pero sí creo que es necesario conocer varios de ellos, por al menos un par de razones: una de ellas es entender cuál es tu fuerte, y esto es muy importante, ya que es la única manera en que podrás encontrar tu voz y crecer en confianza cuando comunicas.

Es común encontrar a comunicadores queriendo ser algo que no son, y lo cierto es que es difícil alcanzar tu potencial de esa manera. Dios te dio algo que ciertas audiencias prefieren y, cuando lo descubres, es de gran beneficio para tus oyentes.

Otra razón es comprender con mayor claridad lo que significa predicar; es preciso entender que la predicación tiene un elemento muy importante de proclamación de la verdad y llamado al cambio. Sabiendo esto, aun cuando predicar no sea necesariamente tu fuerte, cuando te toque hacerlo, sabrás cómo usar estas dinámicas y matices en tu mensaje y esto, a su vez, hará que la experiencia sea mucho más enriquecedora para tus oyentes. O sea que si tu llamado es enseñar o aconsejar, cuando tengas una oportunidad para predicar sabrás cómo aplicar tu estilo de comunicación de manera fluida y eficaz.

EN LA BIBLIA ENCONTRAMOS DIFERENTES TIPOS DE COMUNICACIÓN QUE DIOS HA DISEÑADO PARA LLEGAR A DISTINTOS TIPOS DE AUDIENCIA

A continuación, te mencionaré algunos de los tipos más comunes de comunicación. No es una lista exhaustiva ni tampoco una explicación detallada, solo es una referencia general para que puedas identificar las diferencias principales entre ellos y quizá vislumbrar hacia dónde te inclinas en tu perfil o estilo de comunicación.

Enseñar

Si eres maestro, enseña bien.
Romanos 12:7 NTV

La enseñanza es, en esencia, una transferencia de información donde el maestro quiere que sus oyentes entiendan correctamente los hechos, los principios y las verdades que expone.

Aun cuando un maestro quiere darse a entender, como

estudiante tienes que querer aprender para poder recibir todo lo que él puede darte; por lo general, hay mucha información disponible y tienes que estar alerta para poder recibirla toda.

Un claro ejemplo de maestro es Lucas. Los dos libros de su autoría —el evangelio que lleva su nombre y Hechos de los Apóstoles— fueron escritos con estricto apego histórico y explicación detallada del cumplimiento de las Escrituras y profecías. Como autor, su meta era informar correctamente la cronología y significado históricos, y también demostrar rotundamente que Jesús es el Mesías y que resucitó. Hechos de los Apóstoles fue escrito para precisamente probar que Jesús había resucitado, lo cual se demostró en las vidas de sus apóstoles, ya que por medio de su Espíritu siguieron haciendo las mismas obras que él había hecho. De este modo, Lucas, como buen maestro, presenta, narra, expone, explica y enseña, y lo hace con precisión y detalle.

Con base en lo anterior, al final de una exposición o clase un maestro se pregunta a sí mismo: «¿Expliqué con suficiente claridad el pasaje o tema?».

Profetizar

> *[...] Así que si Dios te ha dado el don de profetizar, ejercítalo de acuerdo con la proporción de la fe que posees.*
> Romanos 12:6

> *[...] En cambio, el que profetiza proclama mensajes de Dios que edifican, exhortan y consuelan a los oyentes.*
> 1 Corintios 14:3

Hay muchísimo que decir sobre la profecía, pero este no es un libro para eso (si lo deseas, puedes aprender más acerca de este tema en los libros *El despertar* y *La profecía*, de Roberto Evans); sin embargo, quiero enfocarme en el estilo de comunicación de una persona que tiene inclinación de tipo profética.

En mi experiencia, aunque la profecía tiene como meta edificar, animar y consolar, la mayoría de los que comunican en el estilo profético parecen tener una tendencia a corregir y regañar, suelen ser negativos y pintan el peor de los escenarios posibles si las personas a quienes profetizan no cambian su comportamiento, y esta es la única manera que conocen para animar a otros. Eso no es cierto, pero así parece.

El asunto es que, en términos generales, el que profetiza ve blanco o negro, bueno o malo; o estás del lado de Dios o en contra de él. Se enfoca en el «resultado final» y le es difícil ver el proceso. Por otro lado, el estilo de alguien profético es soñar con un futuro mejor, y por esto mismo puede hacerte sentir que, si no estás viviendo para ir hacia ese futuro, estás en lo incorrecto. Sin embargo, los que comunican proféticamente deben recordar lo que dijo el apóstol Pablo: «edifiquen, animen y consuelen» (1 Corintios 14:3).

LA PREDICACIÓN TIENE UN ELEMENTO MUY IMPORTANTE DE PROCLAMACIÓN DE LA VERDAD Y LLAMADO AL CAMBIO

En el marco de la comunicación neotestamentaria, este estilo es altamente relevante y tiene el increíble potencial de agregar valor a la vida de los destinatarios. En el capítulo 21 del libro de los Hechos encontramos a personajes como Ágabo o las cuatro hijas de Felipe, que profetizaban a otros (te los dejo como tarea), y Dios sigue usando a personas con este modo comunicativo hasta el día de hoy.

Contrario a la opinión popular, los profetas de la Biblia no solo se dedicaban a adivinar el futuro. Claro que hay instantes de predicción, interpretación de sueños y milagros, pero lo que tienen en común es la autocrítica. Esta fue la razón por la que no eran populares: revelaban los errores de su propia nación. La meta siempre era traer esperanza a través del arrepentimiento.

Los profetas tienen la capacidad de denunciar las contradicciones de nuestra vida, mientras nos llenan la imaginación de un futuro deseable. Son imprudentes, extremos y un tanto ofensivos porque, como diría Jeremías cuando intentó callarse la boca, «su palabra arde en mi corazón como fuego. ¡Es como fuego en mis huesos! ¡Estoy agotado tratando de contenerla! ¡No puedo hacerlo!».

Jesiah Hansen

Al final de su exposición, el que profetiza se pregunta: «¿Los otros ven lo que yo veo? ¿Saben las consecuencias de no hacer lo que les digo?».

Evangelizar

•Vuelve a tu casa y cuenta todo lo que Dios ha hecho por ti. El hombre se fue y le contó a todo el pueblo lo que Jesús había hecho por él.
Lucas 8:39

La mujer dejó su cántaro, corrió al pueblo y le decía a la gente: •Vengan a ver a un hombre que me ha dicho todo lo que he hecho. ¿No será este el Cristo?
Juan 4:28-29

Mi tío Tomás Spyker ayudó a mi papá a plantar la iglesia en Morelia y organizaba reuniones evangelísticas los domingos por la noche. Tiene una chispa y una energía únicas: una vez predicó acerca de un burro que pensaron que estaba muerto y estaban enterrándolo, pero el burro se sacudía la tierra e iba parándose sobre ella hasta que logró salir del hoyo. Mi tío usó este ejemplo para animar a las personas a creer que con Cristo aun lo que quiere enterrarnos nos sirve para levantarnos. No me acuerdo mucho de su prédica, pero recuerdo que mucha gente entregó su vida a Cristo; mi tío es un evangelista.

El evangelismo es la proclamación de las buenas nuevas del Evangelio. Tanto el hombre gadareno como la mujer samaritana fueron evangelistas: compartieron con todos lo que Jesús había hecho por ellos y los animaban a conocerlo y seguirlo.

El que evangeliza tiene la meta de hacer creyentes en Cristo. Su motivación principal es que el oyente abra su corazón a Jesús, y no se preocupa por dar la información detallada ni se enfoca necesariamente en querer corregir a la persona, sino que se centra en que la persona sepa lo bueno que es Jesús y cuánto lo ama, y que lo mejor de su vida le espera si tan solo se entrega a él.

He conocido a personas que evangelizan tan efectivamente que, aun cuando llegan a equivocarse en detalles bíblicos, logran animar a alguien a seguir a Cristo. Es impresionante. Pueden quizás decir que Pedro se ahogó cuando caminó sobre el mar, y aun así ver una cosecha de muchos nuevos creyentes. Eso es lo que requiere la comunicación del Evangelio: ni el hombre gadareno ni la mujer samaritana tenían estudios, solo tuvieron un encuentro con Jesús y querían que todos lo experimentaran también.

Aun cuando recomiendo ampliamente que todos estudiemos y conozcamos bien la Biblia, es importante reconocer que el que evangeliza tiene un llamado a reconciliar a las personas con Dios, y por ello se pregunta a sí mismo: «¿Le di suficientes historias y razones para convencerlo de entregar su vida a Cristo? ¿Le transmití suficientemente el amor de Dios, para que decida seguir a Jesús?»

> **Me gusta pensar que en cada audiencia a la que se lo compartimos, hay alguien que no ha escuchado el Evangelio claramente. Todo predicador debe tener en sus predicaciones una explicación del Evangelio: son las *buenas nuevas*. Dominar bien la presentación del Evangelio en una predicación debe ser el primer paso para quien desea y siente el llamado a este arte sagrado.**
>
> **Esteban**

Animar o exhortar

Mi esposa Kelly tiene este estilo de comunicación; ella quiere que las personas salgan más animadas después de haberla escuchado. Siempre me dice: «Espero que alguien haya sido bendecido y animado». Quizás pudo haber compartido una herejía, pero animó a sus oyentes. Bueno, no, tanto así no; siempre revisa que sea con buena doctrina, pero algo importante es que le gusta dejar una sensación reconfortante y alentadora al hablar, y le gusta usar historias con humor para hacer más ameno el tiempo y conectar con todos. De la misma manera, encontramos en la Biblia a un hombre llamado Bernabé, que tenía este llamado.

Cuando él llegó y vio las maravillas que Dios estaba haciendo, lleno de alegría alentó a los creyentes a permanecer fieles al Señor. Bernabé era bondadoso, lleno del Espíritu Santo y de fe. Un gran número de personas fue añadido al Señor.
Hechos 11:23-24

Bernabé es un claro ejemplo de este tipo de comunicación: un exhortador y animador de corazón (Romanos 12:8) que alentó a la iglesia en Antioquía a continuar, y que también animó a Pablo (antes Saulo) a retomar su llamado a predicar.

La exhortación es alentar a un grupo o a un individuo en su caminar con Cristo. La meta no es convencer, informar ni profetizar, sino que es animar el corazón de los oyentes. El que anima o exhorta desea que sus oyentes se sientan mejor después de su plática o de su tiempo juntos, quiere hacer reír al otro, que recupere sus fuerzas para seguir adelante. El que anima puede conocer mucho de la Biblia, no necesariamente tiene que dominar todos los términos teológicos, pero sí sabe lo suficiente como para usar textos o historias bíblicas como referencia a fin de levantar y consolar a quien lo escucha.

Por ello, el que anima se pregunta a sí mismo: «¿Pude alegrarle el día? ¿Se sintió amado y alentado por mí? ¿Será que le dije lo que tenía que decirle para que no se rinda? ¿Será necesario buscarlo y decirle algo más?».

LA EXHORTACIÓN ES ALENTAR A UN GRUPO O A UN INDIVIDUO EN SU CAMINAR CON CRISTO

Aconsejar

«Esto es lo que tienes que hacer» es una de las frases favoritas de nuestro pastor Pablo Johansson. Él puede predicar con todos los estilos (realmente es un genio), pero creo que uno de sus fuertes, sin duda, es aconsejar, ya que tiene una manera especial de explicarnos algo que no podíamos ver y que cambia nuestra perspectiva.

Los planes fracasan por falta de consejo; muchos consejeros traen éxito.
Proverbios 15:22 NTV

Por lo general esta clase de comunicación se da uno a uno, aunque puede ocurrir en un grupo pequeño también. Puede suceder con una multitud, pero solo cuando el formato está diseñado como para aconsejar sobre un tema específico, o también puede darse en un formato tipo entrevista.

El consejo realmente brilla en el contexto del uno a uno. Podríamos llamar a este tipo de comunicación de *coach* o *mentor*. Es alguien que realmente quiere verte triunfar aun cuando no te conozca; es una persona que sabe analizar la situación y ve claramente los pasos que debes tomar para corregir tu rumbo, sanar una herida o alcanzar una meta. Quienes tienen este estilo son los «arregladores». Así me dice mi esposa: «Tú siempre quieres arreglar todo y a todos», ¡ja, ja, ja!

Usualmente, un consejero tiene el don de sabiduría o de conocimiento. A veces mi esposa, cuando estamos aconsejando a alguien y escucha mis consejos, me pregunta: «¿De dónde sacaste eso?». Se trata del don de sabiduría que el Espíritu Santo da a algunos. Ahora bien, el reto de un consejero es escuchar la historia completa: al tener el don de sabiduría, una persona con esta inclinación tiende a creer que ya sabe cuál es el problema antes de terminar de escucharlo, razón por la cual debe esforzarse por atender, comprender y luego compartir el consejo que Dios le ha dado para comunicar.

El consejero se pregunta y se dice a sí mismo: «¿Entendí su problema? ¿Contesté bien su pregunta? ¿Le ayudé a tomar la decisión correcta? ¿Llegué al meollo del asunto? Espero que tenga éxito».

Discipular o liderar

Mi pastor, Pablo Johansson, siempre me ha dicho: «Para predicar, es necesario abrir la boca; para enseñar, es necesario abrir la Biblia; pero para discipular, es necesario abrir tu vida».

Las personas que tienen este estilo de comunicación son más de los hechos y de pocas palabras, son los que te invitan seguido a su casa o a hacer algún recado con ellos, y son expertos en crear líderes, formar equipos y construir la vida de las personas. Quizás no tengan algo elocuente que enseñar, pero modelan con sus vidas y su liderazgo las vidas de otros; te sientes bienvenido tal como eres y al mismo tiempo te sientes desafiado a ser mejor persona. Aprendes con ellos cómo vivir, aprendes a amar a Dios y a las personas cuando estás cerca de ellos, aprendes ética de trabajo y a hacer justicia en la práctica. Son personas generosas. Cuando te confrontan acerca de algo es porque realmente consideran que es necesario que cambies esa conducta. Te aman, lo sabes, y por ello recibes bien su corrección.

El lema de estos comunicadores es «predicamos con el ejemplo»; creen mucho en las personas y en que todos pueden alcanzar un alto potencial si tan solo reciben buen liderazgo. Un ejemplo bíblico de personas con un enfoque de discipulado son Aquila y Priscila (puedes encontrar el relato en el libro de Hechos): ellos discipularon al gran predicador Apolos, y aun cuando nunca se los ve predicando a multitudes, son líderes y saben guiar y discipular. Hay líderes que son grandes predicadores, hay predicadores que son grandes líderes, y también hay grandes líderes que no son buenos predicadores pero que también comunican y son sumamente necesarios en el reino de Dios.

Estas personas cargan un importante peso en su espíritu. Recuerdo que en una ocasión mi esposa y yo visitamos al hermano Wayne Myers, un verdadero ejemplo de la fe. Platicamos dos horas en su sala; él contaba historia tras historia de la fidelidad de Dios. Salimos refrescados y desafiados. La primera llamada que hice al salir de la casa del hermano Wayne fue a una persona con quien tenía un desacuerdo; nos vimos en persona y aclaramos la situación. El hermano Wayne no habló de perdonar ofensas ni de arreglar cuentas, pero solo estar en su presencia me inspiró a hacerlo. Sin duda, se necesitan más predicadores de hechos y de pocas palabras.

Esteban

Entonces, alguien que discipula se pregunta a sí mismo: «¿Estoy invirtiendo suficiente tiempo en esta persona? ¿Estoy dándole un buen ejemplo? ¿Por qué aún no veo cambios en su vida? ¿Cuál es su próximo paso?».

> *Le diré al lector lo mismo que dije en la Conferencia Más Vida la primera vez que prediqué ahí. En mi opinión, Andrés Spyker es uno de los mejores predicadores del mundo; esto no es halago, es mi opinión fundamentada en el hecho de que he escuchado a cientos de predicadores —en inglés y español—. Lo que él predica desde la plataforma es brillante, elocuente y siempre me llena de convicción; sin embargo, las mejores predicaciones que le he escuchado no han sucedido ante miles de personas, sino detrás de las cámaras. Su vida me ha retado a ser mejor líder, mejor esposo, mejor padre y seguidor de Cristo. San Francisco de Asís dijo: «Predica en todo momento, y si es necesario usa palabras». Esto encapsula perfectamente no solo lo que Andrés dice aquí, sino lo que vive.*
>
> **Jesiah**

Adorar

Una vez invité a predicar a un gran amigo, un cantante cristiano famoso. Durante una hora contó una historia larga —larguísima— y muy buena, que cada tanto interrumpía con algún canto y también terminó su participación cantando. La presencia de Dios fue muy tangible: gente llorando, arrepintiéndose. Muchos me dijeron: «Pastor, gracias por este tiempo, me cambió la vida», y honestamente yo no lo había visto tan impresionante. Yo soy más metódico y objetivo, pero el que tiene el estilo de comunicación de un adorador es más subjetivo, ya que toca fibras emocionales profundas, te conecta a Dios con el corazón más que con la mente.

[...] sean llenos del Espíritu Santo cantando salmos e himnos y canciones espirituales entre ustedes, y haciendo música al Señor en el corazón.
Efesios 5:18-19 NTV

John Wesley dijo que la principal forma de enseñar doctrina es por medio de los cantos de adoración. Piénsalo: uno de los más brillantes predicadores y teólogos dijo que la principal forma de enseñar doctrina es cantando.

Un autor de canciones de adoración tiene una gran responsabilidad: comunicar verdades acerca de Jesús, de la salvación, de la eternidad, de la humanidad y de la bondad de Dios en medio de todo, a través de la música. Se dice que los cristianos más influyentes sobre la faz de la tierra son los que componen canciones de adoración. Si eso es cierto, entonces ellos son los maestros más escuchados en el mundo; y, si eso es cierto, le rendirán cuentas a Dios por cada canción escrita. OK, con esto no quiero asustarlos, solo quiero animarlos a comprender que su forma de comunicar es sumamente importante y necesaria en el cuerpo de Cristo.

En la Biblia, un ejemplo claro de esta comunicación se encuentra en el libro de los Salmos. Varios autores como David, Salomón y Asaf, entre otros, contribuyeron a la conformación de este libro, en el cual podemos encontrar profecías sobre el Mesías, cantos sobre victorias y

EL QUE TIENE EL ESTILO DE COMUNICACIÓN DE UN ADORADOR TOCA FIBRAS EMOCIONALES PROFUNDAS, TE CONECTA A DIOS CON EL CORAZÓN MÁS QUE CON LA MENTE

derrotas, celebración y desánimo, pero todo siempre apunta a Dios y te alinea el corazón hacia Él y sus promesas.

He escuchado a muchos autores de adoración predicar o enseñar. De pronto los he invitado a compartir en la iglesia; cantan y luego enseñan. Casi todos cuentan muchas historias, usan un estilo de narrativa en el que te detallan una historia y terminan cantando algo que resume lo que te contaron. Siempre te conectan con Dios a un nivel muy emocional y profundo; son bohemios, son inspiradores, son adoradores.

La pregunta que ellos se hacen a sí mismos después de adorar o compartir es: «¿Ayudé a las personas a conectarse con Dios? ¿Pueden ver lo glorioso que es Jesús? ¿Expresaron sus emociones a Dios? ¿Saben que adorar es lo más importante en la vida?».

Predicar

Quería que mi lista de tipos de comunicación terminara en siete o en diez para que pareciera más espiritual, pero terminó en ocho, ¡qué le vamos a hacer! Como te dije, hay más tipos de comunicación, pero yo solo traté de resaltar los más comunes y explicar sus diferencias.

Entonces, ¿qué es *predicar*? Después de leer los diferentes tipos de comunicación, quizás pudiste pensar en alguien que conoces, que expresa al 100% alguno de ellos; quizás es tu pastor o tu predicador favorito, y tal vez estás preguntándote «¿Cómo es que eso no es predicación?». La razón primordial es que un predicador siempre va a tener más dones, y también va a tener inclinación hacia un estilo u otro de comunicación. Lo explico de la siguiente manera: hay maestros que pueden predicar y predicadores que pueden enseñar, o profetas que pueden predicar y predicadores que pueden profetizar, pero no todo maestro predica ni todo predicador es maestro, aunque sepa enseñar.

Para entenderlo de una manera más fácil, uno puede predicar y enseñar, predicar y profetizar, predicar y aconsejar, predicar y animar, predicar y evangelizar, o enseñar predicando, profetizar predicando, aconsejar predicando, animar predicando, evangelizar predicando, etc. Predicar es la *proclamación* de una verdad, y predicar es *llamar a un cambio o a una decisión*, es decir, exige una respuesta del oyente. Obviamente, cada predicador va a tener su estilo propio y su inclinación con base en los dones espirituales que tenga, pero todo predicador es alguien que proclama una verdad y llama a un cambio.

En tiempos de monarquías, la manera de divulgar información de parte del rey era enviar representantes —heraldos— a las diferentes poblaciones del reino. Estos se ponían de pie en la plaza pública, con trompeta en mano, y decían: «Este es un decreto del rey (una notificación para todos lo que se encuentran bajo su autoridad)». Predicar es, entonces, la proclamación de un mensaje dado en el nombre del Rey.

Esteban

Y desde aquel mismo instante Jesús comenzó a predicar: «Arrepiéntanse de sus pecados porque el reino de los cielos se ha acercado».

Mateo 4:17

En este pasaje podemos encontrar estos dos elementos esenciales de la predicación:

- *Arrepiéntanse* (los llamó a un cambio, exige una respuesta).

- *El reino de los cielos está cerca* (proclamó una realidad y una verdad, la cual ni siquiera explicó, solo la proclamó).

Si un maestro desea predicar, tendrá que aprender que no tiene que explicar todo lo que hay que decir sobre un tema sino que tendrá que proclamar lo suficiente de un tema y pedir, llamar, desafiar y exhortar a los oyentes a que tomen una decisión al respecto.

Pablo, mi pastor, dice que predicar es como martillar un clavo en un pedazo de madera: tienes que hacerlo una y otra vez hasta que quede totalmente hundido en él. También dice que enseñar es como martillar varios clavos alrededor del mismo trozo de madera, pero sin hundirlos hasta el fondo.

En otras palabras, cuando enseñas puedes explicar muchas cosas, pero cuando predicas quieres asegurarte de que las personas entienden y aplican bien una cosa; le das una y otra vez al mismo clavo hasta que hay una decisión, un cambio.

Grandes predicadores en la Biblia son Jesús y Esteban (fue el primer mártir de la iglesia cristiana, como podemos ver en Hechos 6 y 7). Es interesante que los dos mejores predicadores en la Biblia terminaron asesinados. Un buen predicador está tan convencido de lo que proclama, y lo hace con tanto entusiasmo, que muchos oyentes experimentan un cambio verdadero a través de su mensaje; por el contrario, a quienes se rehúsan a cambiar no les queda más que crucificarlo con críticas y rechazo. En cualquier caso, ese es el enfoque de un predicador, de la predicación: *exigir una respuesta*. Reclama un cambio de mentalidad, una decisión, aceptar o rechazar una verdad. El predicador no se queda contento con solo hablar del perdón, no se conforma con que lo entiendas, lo sientas o que seas animado con sus palabras, sino que va a llevarte al punto de tomar una decisión: perdonar a quien tengas que perdonar.

Si los predicadores se dedicaran a vender autos, serían los mejores vendedores. Es más, podrían venderte un auto malo y creerías que es el mejor auto en el mundo. Es justo aquí donde vemos su debilidad (y debe ser un importante foco de alerta para todos los que predicamos): pueden enseñar algo equivocado y convencer a muchos de que es verdadero. El apóstol Pablo los llama «falsos maestros»: son muy convincentes, pero son falsos. Más adelante hablaremos sobre esto, pero por ahora lo importante es entender el enfoque y énfasis de un predicador.

Un buen predicador también es un poeta, un profeta, un maestro, un consejero, un evangelista, un exhortador, un adorador, un líder, un teólogo. A veces es todos al mismo tiempo, a veces es uno más que otro, pero siempre proclamando la verdad y siempre buscando una respuesta de sus oyentes. Una vez más: Dios creó todos los estilos de comunicación. No hay uno mejor o uno peor, más bien se trata de diferentes tipos de herramientas que sirven para construir, reparar o acondicionar diferentes cosas. Cada estilo ayuda a diferentes tipos de personas y necesidades, en diferentes momentos y situaciones; todos son útiles e indispensables y, de hecho, también son complementarios. A mí me encanta escuchar a diferentes tipos de predicadores con sus diferentes estilos; siento que me ayudan a ver diferentes ángulos de la misma verdad en la Palabra. Cada uno aporta una perspectiva muy singular de la Biblia, como mi esposa Kelly, que siempre comparte con gracia y claridad.

Por eso, no te compares con el estilo de alguien más; más bien, encuentra a predicadores o comunicadores con quienes te identifiques y cuyos estilos se parezcan más al tuyo, y aprende de ellos. Aprende también de aquellos que son muy diferentes a ti; podemos enriquecernos de lo que Dios ha dado a otros, en la gran diversidad que él mismo creó. Sobre todo, enfócate y trabaja en fortalecer los dones que te han sido dados; el enemigo trata de robar nuestro propósito y la comparación es una de sus estrategias favoritas, pero el estilo de comunicación es como nuestro tipo de nariz, de ojos, de cuerpo o de tono de voz, es parte de nuestro diseño. No tienes que luchar contra él, tienes que descubrirlo, abrazarlo y desarrollar todo el potencial que Dios ha depositado en ti.

Ahora toma unos minutos y hazte las siguientes preguntas:

- ¿Cuál es mi tendencia o inclinación?
- ¿Cuál es mi estilo de comunicación?
- ¿Lo encuentro en esta lista o tengo algún otro?

Pide la opinión de la gente que te escucha comunicar, invita y acepta la retroalimentación de aquellos que mejor te conocen, y que ellos te digan qué estilo usas comúnmente. Descubrir tu tendencia natural de comunicación te colocará en una posición idónea para conocer tu diseño y llevar tu práctica a un nuevo nivel.

3
Tipos de predicación

Recuerdo la primera vez que escuché la palabra *expositiva*, y fue cuando un maestro del instituto bíblico estaba enseñándonos los diferentes tipos de predicación. Yo solo conocía la diferencia entre los predicadores que me gustaban y los que me aburrían, no tenía idea de que había toda una tipología para predicar. El profesor nos explicaba que los tipos de predicación tienen que ver con el fundamento, cómo *generas* tu contenido y de qué manera *organizas* tu contenido para compartirlo. Si predicas —o quieres aprender a hacerlo—, esto es importante porque cada predicador no solo tiene un estilo propio sino también su propio *proceso de pensamiento*. Es vital conocer cómo funciona tu proceso para generar el contenido que Dios quiere que compartas.

Si eres un comunicador pero no predicas, también es importante que conozcas esta información, ya que tu manera de generar contenido es quizás lo más importante de toda comunicación. Tener buen contenido es sumamente importante, y tener un proceso que dominas para generar ese contenido te hará mucho más efectivo en lo que haces.

Comúnmente se enseñan tres tipos generales de predicación: *expositiva*, *textual* y *temática* (o *tópica*); algunos agregan la predicación *narrativa*, y yo agregaré la predicación *expositópica* (sí, ya sé, inventé esta palabra).

Veamos entonces un poco acerca de los diferentes tipos de predicación:

Expositiva

Alguna vez te habrás preguntado «¿De dónde saca esta persona tanto que decir de un solo versículo?».

Quizás se deba a que ese predicador es de tipo *expositivo*, es decir, *expone* el pasaje bíblico. Sin importar qué tipo de predicación escojas usar como propia, creo firmemente que todo predicador debe aprender la predicación expositiva, ya que es una excelente base para asegurarnos de tener el marco contextual correcto en nuestra enseñanza.

En mi experiencia, el estilo expositivo es el favorito de un maestro que predica y, como es maestro, piensa que todos deben predicar de la misma manera que él lo hace, porque un maestro siempre tiene la razón (léase con algo de ironía). La verdad es que todos en algún momento pensamos que tenemos la razón (hablaré de esto un poco más adelante). Amo a los maestros y me considero un maestro

EL ESTILO EXPOSITIVO GENERALMENTE ES USADO POR MAESTROS QUE PREDICAN

también, pero yo me considero primero predicador y luego maestro, o sea, un predicador que enseña. Sin embargo, el estilo expositivo generalmente es usado por maestros que predican.

En la predicación expositiva, las tres grandes partes de un mensaje —es decir, el tema, el punto principal y los puntos secundarios o aplicaciones— provienen del pasaje, luego se explica el contexto del texto (momento en la historia, cultura, quién habla, quién oye, a quién va dirigido) y después se aplica el mensaje o tema del pasaje a los oyentes actuales. El enfoque se mantiene siempre en el texto bíblico mismo.

Hay mucho más que decir y hay grandes libros escritos al respecto, y también hay grandes predicadores de este tipo en nuestra generación (de hecho, algunos de mis predicadores favoritos son expositores).

Textual

Mi pastor Pablo es un predicador *textual*: tiene un tema en el corazón y luego presenta un pasaje bíblico de manera brillante.

Recuerdo una vez que habló del fuego extraño y usó el pasaje de cuando Pedro estaba calentándose al fuego mientras Jesús estaba siendo juzgado y lo negó; explicó cómo estar en el círculo equivocado, calentándonos con «fuego extraño», puede llevarnos a negar a Jesús. Este mensaje lo compartió en nuestra reunión de capilla estudiantil en Elim, el instituto bíblico donde estudié; él era el presidente en esa temporada y quería animarnos a estar en el círculo correcto de amigos. Entonces, aunque el pasaje no necesariamente tiene que ver con amigos correctos, contiene principios que nos ayudan a entender la importancia de estar en el círculo correcto y lejos del «fuego extraño».

El estilo *textual* de predicación ocurre, entonces, cuando tomas el punto principal y los puntos secundarios del pasaje bíblico pero el tema es uno que desarrollaste a partir de una experiencia personal, tu conocimiento general de la Biblia o con base en algo que la iglesia o los oyentes necesitan escuchar. Por ejemplo, podrías predicar Mateo 6 —el pasaje de la oración del Padre Nuestro— pero enfocarte en «perdónanos nuestras deudas, así como nosotros perdonamos a nuestros deudores»; es un pasaje que trata de la oración, pero predicar con énfasis textual consiste en tomar un punto (o varios) del texto y no necesariamente explicar todo el contexto, trasfondo y mensaje principal del pasaje completo.

Hay muy buenos predicadores textuales. El principal reto de la predicación textual es conocer bien el contexto y, aunque no se presente o explique, asegurarse de no violar la verdad central de lo que la Biblia enseña al respecto. Esto tiene implicaciones muy importantes; hasta el diablo mismo citó la Biblia para tentar a Jesús, y es que *un texto fuera de contexto es un pretexto*. Sin embargo, bien sustentada y desarrollada, la predicación textual es muy útil y necesaria para el discipulado y liderazgo y, si se usa sabiamente, puede traer mucho fruto.

Nos metemos en problemas con la Biblia cuando perdemos de vista su principal tarea: señalarnos a Jesús. La Biblia no es Dios, Jesús es Dios. El valor de la Biblia radica en ser la palabra de Dios que nos dirige fielmente a la Palabra de Dios, que es Jesucristo. Si pasamos por alto ese punto, podemos comenzar a usar la Biblia para promover otras ideologías, filosofías, política, ciencia y creencias, todo el tiempo pensando que estamos bien *porque la Biblia lo sustenta.*

Ser predicador no te hace mejor teólogo, pero estudiar teología, doctrina, historia bíblica y lenguaje original va a hacerte un mejor predicador, especialmente si lees la Biblia con la finalidad de conocer a Jesús.

Jesiah

Temática (o tópica)

Mi papá es un predicador *temático*, al igual que quizás los más conocidos hoy en día en Latinoamérica. En general, los predicadores temáticos son muy fáciles de entender y seguir porque están tocando temas que interesan a los oyentes; le están hablando a una necesidad de la comunidad y la cultura, y de cómo la Biblia tiene respuestas para esa necesidad, qué soluciones da la Biblia a la amargura o a las adicciones, qué dice la Biblia acerca del avivamiento, qué nos enseña la Biblia acerca de la culpa, etc.

La predicación *temática* desarrolla los puntos secundarios a partir de textos bíblicos, pero el tema y el punto principal se obtienen de una experiencia personal, de un conocimiento general de la Biblia o de un tema que quiere compartirse con los oyentes. Por eso, un predicador temático puede usar muchos versículos, ya que está respaldando su tema y punto principal con diferentes pasajes. A lo mejor quieres hablar sobre la necesidad de un presupuesto familiar, entonces desarrollas el tema y el punto principal con base en tu conocimiento general de la Biblia y tu experiencia de vida, pero a los puntos secundarios los respaldas con versículos bíblicos.

La predicación temática también es muy útil y de gran ayuda para desarrollar series de mensajes o temas que la iglesia necesita escuchar. Un pastor debe proveer un menú de alimento espiritual balanceado (explicaré esto más adelante) y el uso de temas puede ser muy beneficioso para el desarrollo de una congregación. El reto para este tipo de predicación es el mismo que para el textual: es imperativo para los que predicamos temáticamente conocer muy bien la Biblia, o bien tener un mentor o líder que pueda revisar el mensaje antes de compartirlo con la audiencia, ya que podemos caer en la tentación de hacer que la Biblia diga lo que nosotros queremos decir, cuando en realidad nosotros tenemos que decir lo que la Biblia enseña. Si conoces la Biblia o tienes un mentor que la conoce bien, puedes predicar sobre un tema con la seguridad de que su esencia representa correctamente las verdades enseñadas en la Biblia.

En el libro de Hechos puedes ver este tipo de predicación y también puedes encontrarlo en las epístolas de los apóstoles. Ahora son Escritura, pero en ese tiempo fueron predicaciones comunicadas temáticamente; la clave es que quienes las predicaron fueron personas que conocían con profundidad las Escrituras y a Jesucristo mismo, y a su vez estaban rodeados de otros maestros.

Narrativa

Tengo un mensaje muy conocido llamado *El plan dentro del plan* (que puedes buscar en YouTube con ese nombre, o verlo en este link: *www.youtube.com/watch?v=7yQlcGUulFU*). Aunque muchas personas ya han escuchado esta predicación, es como la que más me piden (si tuviera un *top ten* seguramente estaría ahí). Durante casi toda la prédica narro cómo por varios años traté de conquistar a Kelly (mi esposa), mientras ella me decía una y otra vez: «Solo quiero que sepas que entre tú y yo ¡nunca va a haber nada!».

El pasaje que uso para ese mensaje es Jeremías 29, y en él explico que Dios tenía un plan para Israel, el de darles una herencia, pero que en el proceso había otro plan: conquistar el corazón de Israel. Esta es precisamente la idea que trato de explicar al narrar la historia de amor entre Kelly y yo; es una especie de alegoría a lo que se presenta en el texto, que trae a la vida las ideas centrales. Sin embargo, mi deseo es que las personas se queden más con el principio bíblico, con la historia de amor entre Dios y la humanidad, con la enseñanza del valor de Jesucristo que con mi anécdota personal… lo cual es todo un reto.

Predicación narrativa es eso, narrar una historia. En particular he escuchado a muchos cantantes o artistas usarla: relatan una historia bíblica o personal, y en el transcurso de la historia van rescatando el punto principal y los puntos secundarios —que respaldan con versículos—. Podría decirse que una parábola es una forma de predicación narrativa, o por ejemplo podrías relatar la historia de Jonás y al ir contando la historia dar los puntos del mensaje que respaldas con texto bíblico.

PODEMOS CAER EN LA TENTACIÓN DE HACER QUE LA BIBLIA DIGA LO QUE NOSOTROS QUEREMOS DECIR, CUANDO EN REALIDAD NOSOTROS TENEMOS QUE DECIR LO QUE LA BIBLIA ENSEÑA

Al igual que en los casos anteriores, se necesita un buen conocimiento bíblico o mentores que te ayuden a evaluar tu mensaje. El gran reto es predicar a Jesús y su Palabra, y no glorificar una historia. Aun cuando las historias son muy poderosas para transmitir un mensaje —y creo mucho en contar historias—, debemos hacer énfasis en la persona de Jesús y en la Biblia misma.

Expositópica

Si me has escuchado predicar sabes que me gusta inventarme palabras. Lo siento, pero no lo siento. A veces hay que inventarse una palabra para explicar algo que aún no existe o que no cuenta con un término para describirlo. Seguramente tú también has inventado palabras; usualmente sucede cuando unes dos conceptos distintos para crear uno nuevo. Es como cuando Steve Jobs fusionó un reproductor de música, un navegador de Internet y un teléfono y lo llamó *iPhone*. Bueno, quizás mi concepto no es tan revolucionario, pero entiendes la idea.

Pues bien, este es mi estilo de predicación. Como podrás inferirlo del nombre, es una fusión de los tipos *expositivo* y *tópico:* tengo un tema que quiero compartir y tengo un pasaje que quiero enseñar. Es mezclar y armonizar estas dos formas de predicación.

Al fin descubrimos el secreto del pastor Andrés: crear tu propio tipo de predicación (¡alguien tiene que patentar ese nombre!). Y cada artista tiene que encontrar su esencia. Esa es la belleza de predicar: tu marca, tu huella, tu humanidad envuelta en la capacidad del Espíritu Santo... ¡una bomba!

Esteban

Yo describiría mi estilo como *extenarratopicosóptico*, pero no suena tan sofisticado como el de Andrés.

Jesiah

Al predicar, a veces comienzo con un tema que quiero enseñar, luego busco el pasaje que creo tiene el mensaje de Dios para ese momento y esas personas, y entonces lo desarrollo para llegar a mis puntos principal y secundarios. En otras ocasiones, comienzo con el pasaje, desarrollo el punto principal y los puntos secundarios, pero lo presento como un tema relevante para el grupo de personas que está escuchándome. No siempre puedo dar el trasfondo completo del pasaje, pero trato de darlo lo suficiente como para conocer el contexto general y, aunque comparta un tema, siempre quiero que el pasaje diga por sí mismo lo que quiere decir. Por ejemplo: para una serie de mensajes sobre relaciones, noviazgo o matrimonio, primero tengo el tema general de la serie y luego los temas de cada enseñanza, y después busco un pasaje para enseñar el otro pasaje que apunta al tema de esa enseñanza. ¿Tiene sentido? También desarrollé otra serie sobre relaciones llamada *Sublime amor*, en la que, por nueve fines de semana, enseñé todo el libro de Cantar de los Cantares, donde a cada fin de semana lo presentaba como un tema, pero el enfoque era enseñar el pasaje.

Honestamente, a mí me gusta predicar en todos los estilos pero casi siempre uso este que llamo *predicación expositópica*. Algunos predicadores prefieren usar un solo estilo de predicación, otros recurren a dos o más, pero más allá de eso creo que para mejorar en tu práctica tienes que apegarte a un estilo determinado, así podrás desarrollarte más y crecer en tus capacidades de comunicar. Si cada vez que predicas cambias el plan, la estrategia o el estilo va a ser muy difícil que alcances todo tu potencial, así que prueba los diferentes estilos; conócelos, explóralos, experiméntalos, y luego desarrolla y comprométete con el que más exprese la voz y propósito que Dios te ha dado.

PREDICACIÓN NARRATIVA ES ESO, NARRAR UNA HISTORIA

Algunos dirán: «¿Y por qué "meterme en una caja"? Yo puedo desarrollar mi propio estilo». Y sí, sí puedes, pero es como andar en bicicleta: incluso antes de decidir si vas a enfocarte en bicicleta urbana, de ruta, de montaña o *cross*, necesitas aprender a andar en bicicleta. Lo mismo sucede con la predicación; si vas a desarrollar tu estilo, adelante, pero primero aprende a predicar.

4
¿Sobre qué predico? Eligiendo el contenido correcto

Una pregunta que a menudo me hacen mi esposa y amigos es: «¿De dónde sacas tanto?».

Todo el que estudia la Biblia y la enseña sabe que la Biblia es una fuente inagotable de sabiduría y conocimiento; puedes leerla mil veces y ver algo distinto cada vez, un ángulo fresco, un matiz que no habías percibido antes.

Me encantan los museos; puedo pasar horas y horas dentro de uno. En particular, me gustan las pinturas, y hay una en especial que hace tiempo me llamó la atención. Cuando estuve predicando en España visité el Museo del Prado, en Madrid, en el cual hay una pintura que casi nadie observa llamada *El lavatorio*, de Jacopo Comin (más conocido como *Tintoretto*). Quizás yo mismo no me hubiera detenido a verla de no haber sido por la guía que nos ayudó a mí y a mi hija Sofía ese día.

Esta pintura está dedicada al momento en que Jesús lavó los pies a sus discípulos, y tiene tanto detalle que se requiere tiempo para apreciarla. La guía nos explicó que el cuadro fue pintado con una escala matemática precisa; se ve como si estuviera en 3D, como las películas… ¡y eso que fue pintado en 1549! Un detalle increíble es que, si te mueves al extremo izquierdo de la pintura y la miras desde ese ángulo, podrás observar aún más profundidad, como si el mosaico del piso cobrara vida y casi pudieras entrar al cuadro.

Es realmente fascinante. Hay tantos detalles —las expresiones de las personas, los fondos, los colores, las perspectivas— que podrías pasar horas y días estudiándola... y eso que solo es una pintura.

La Biblia fue escrita por el Artista por excelencia: sus palabras crearon estrellas, su imaginación dio a luz a las gloriosas escenas de la Creación, su aliento nos dio vida. ¿Cuántos ángulos, perspectivas y detalles podremos descubrir en su Palabra? Juan dijo que, si se escribiera todo lo que Jesús hizo, no habría espacio suficiente para todos los libros que podrían escribirse (Juan 21:25). Entonces, podríamos decir que aun cuando se predique la Biblia durante milenios y generaciones, jamás podríamos terminar de enseñar todo lo que hay que enseñar acerca de Dios.

AUN CUANDO SE PREDIQUE LA BIBLIA DURANTE MILENIOS Y GENERACIONES, JAMÁS PODRÍAMOS TERMINAR DE ENSEÑAR TODO LO QUE HAY QUE ENSEÑAR ACERCA DE DIOS

Las obras de Dios son tan grandes, dignas de estudiar toda una vida; un deleite sin fin.
Salmos 111:2 (The Message)

Sin embargo, aun cuando su Palabra es infinita, nosotros podemos tener momentos en los que no sabemos qué predicar, o bien creemos que para preparar un mensaje necesitamos recibirlo de cierta manera. Así pensaba yo en mis primeros años de predicador; mi método era orar y leer la Biblia hasta que sentía que Dios me señalaba cuál era el versículo o pasaje por predicar y, en mi caso, eso casi siempre sucedía el sábado en la noche, así que llegaba a las reuniones de domingo desvelado y mal preparado. Pero sinceramente pensaba que esa era la «manera espiritual» de hacerlo.

> **Esto es más común de lo que nos atreveríamos a pensar.** Aun después de casi dos décadas de predicar constantemente, enfrento esa tensión cada semana; aprender a navegarla y a ser diligente en enfrentarla es lo que separa a los buenos predicadores de los grandes predicadores. Desarrollar un ojo abierto y una mente activa para descubrir que hay sermones escondidos en los pequeños detalles de la vida, y hacer esas conexiones a verdades eternas, ha sido un tesoro para mí.
>
> **Esteban**

Luego escuché a mi papá decir que Dios le había hablado al leer un libro o al tomar una clase en su maestría de liderazgo; nuestro pastor Pablo mencionaba que en su tiempo devocional le había venido un pensamiento mientras meditaba la palabra de Dios; mi suegro, Roberto Evans, a veces preparaba contenido para todo un mes de clases y predicaciones. Otros pastores decían que Dios les había hablado al correr, al tomar un café o al escuchar a otro predicador, y también escuché a un pastor decir que él planeaba las series de mensajes para todo el año por anticipado y que preparaba el tema del fin de semana con dos semanas de antelación. Entendí entonces que uno puede recibir la inspiración o dirección del tema a predicar de distintas maneras.

> **Como todo buen fotógrafo, que encuentra arte aun en lo más común y cotidiano, un predicador siempre tiene el ojo para encontrar un sermón en cualquier situación. El chiste es estar presente, buscando y reconociendo que hay una enseñanza en toda conversación, experiencia o nueva información aprendida.**
>
> **Jesiah**

Hoy en día tengo cuatro maneras principales de decidir sobre qué voy a predicar; digamos que son cuatro fuentes de dirección o inspiración de parte de Dios. No me estreso si recibo esa inspiración de una o de otra manera, veo que Jesús hacía lo mismo: a veces se basaba en un pasaje de las Escrituras que leía en la sinagoga y que había recibido de su Padre (Lucas 4), otras veces daba un discurso para enseñar doctrina (Mateo 5, 6 y 7), a veces escudriñaba los pensamientos de las personas y les enseñaba respecto de lo que sabía que estaban pensando, y otras veces sus discípulos le preguntaban algo y él les enseñaba para responder sus preguntas.

> **A mí me ayuda imaginarme un triángulo, donde tienes a Dios en la cima y en las dos esquinas inferiores iglesia y yo. Obviamente, como Andrés ya lo comunicó, lo más importante es lo que Dios pone en tu corazón, pero la mayoría de las veces no tengo una clara respuesta de lo que Dios quiere, entonces me voy con lo que creo que la iglesia necesita o con el tema o versículo que está apasionándome en ese momento.**
>
> **Jesiah**

Con base en todo lo anterior, podemos decir que es completamente bíblico ser motivado a predicar, o decidir el tema y contenido de predicación a partir de diversas fuentes de inspiración. Estas son las mías:

1- Mi lectura diaria de la Biblia

Tengo el hábito de leer la Biblia todos los días y subrayar, meditar, anotar pensamientos y orar de acuerdo con algunos de los versículos que leo ese día.

Llevo también un diario que escribo en una *app* para que se sincronice en todos mis dispositivos y así poder tener acceso en cualquier lugar a lo que Dios me habla.

Algunos de mis mensajes o predicaciones salen precisamente de desarrollar algo que recibí en mi lectura y oración del día. A decir verdad, es genial cuando esto sucede, porque armar un mensaje cuando ya tienes la idea principal es mucho más sencillo; de hecho, me gustaría que así fuera siempre, pero no lo es. A veces pueden pasar semanas y puedo recibir mucho en mi lectura y oración personal, pero no sale nada para predicar. ¿Y sabes qué? Está bien así. Creo firmemente que tu tiempo con Dios debería ser tu tiempo con Dios, no con el afán de «sacar» una prédica sino de crecer en tu relación con él. Así que agradezco cuando obtengo una prédica de esos momentos pero, independientemente de ello, siempre valoro el hecho de que esos tiempos son íntimos con Dios y nadie más se entera de lo que él me habló... es nuestra historia.

> **Son los elementos básicos los que nos guían al éxito. Ser maduro significa ser básico, y hubiera querido aprender esto siendo más joven. Nada sustituye un tiempo diario con Dios. Nada. Ninguna herramienta, ninguna gracia o elocuencia puede sustituir lo que se impregna en nosotros en estos tiempos a solas con Dios. Por mucho tiempo me sentí como el panadero desnutrido, con pan en la mano para dar pero sin alimentarme propiamente. Es la Palabra la que nos guía al púlpito, no el púlpito lo que nos lleva a la Palabra.**
>
> **Esteban**

2- La planeación anual de series de mensajes

Nuestro pastor Pablo nos enseñó que un pastor es como mamá y papá en una familia: entre muchas otras cosas, hacen planes para el menú familiar de la semana y buscan proveer una alimentación balanceada a los suyos, como fuentes de proteína, frutas, verduras, etc. Nos enseñó que debemos dar un alimento espiritual balanceado a la iglesia también. Cada año es bueno enseñar acerca de la oración, la generosidad, la familia, la doctrina, el crecimiento personal, el liderazgo y la visión, entre otros.

Con base en este principio, hago planes para enseñar ciertos temas durante el año. Los llamo *series*, y no por imitar las series de televisión sino porque son mensajes consecutivos acerca del mismo tema; puede ser una serie sobre noviazgo, matrimonio, oración, salud financiera, etc.

A veces desarrollo la serie sobre un tema basado en un libro de la Biblia. Hace tiempo enseñé una serie sobre liderazgo tomando como base el libro de Nehemías, donde prediqué varios meses y enseñé todo el libro. Sin

DEBEMOS DAR UN ALIMENTO ESPIRITUAL BALANCEADO A LA IGLESIA

embargo, por lo general, una serie de predicaciones suele durar de tres a cinco semanas y en ella uso diferentes textos bíblicos (un pasaje principal por semana) para enseñar los mensajes de la serie y cumplir con la visión o el propósito que Dios me dio para ella.

Entonces, cuando estoy pensando qué voy a predicar, miro el calendario anual de la iglesia y la temporada en la que estamos, para así poder enfocarme en desarrollar el tema que corresponde a esa temporada en la iglesia. Esta planeación anual evita mucho estrés, ya que una de las grandes dificultades para predicar (por lo menos en mi caso) es decidir sobre qué predicar, y contar con temas que son pilares para el crecimiento saludable de la iglesia siempre será una buena idea.

3- La necesidad o situación presente

Un pastor conoce la condición de su iglesia, un líder conoce la condición de su equipo y un comunicador conoce su audiencia. Cuando no tengo algo específico que predicar, me pregunto: «¿A quiénes estoy hablándoles? ¿Qué temporada o circunstancia están atravesando?».

Piénsalo por un momento: si vas a un funeral no vas a predicar acerca del matrimonio, sino que vas a enseñar algo que ayude a la circunstancia que están viviendo los presentes. Por otro lado, cuando voy a predicar en una conferencia me propongo obtener información clave de antemano: quiero saber si se trata de un evento para jóvenes, líderes, pastores, la iglesia local, o si hay algún otro énfasis o tema. Obtengo información que responde a estas preguntas: *¿Cuál es el lema de la conferencia? ¿En qué país se lleva a cabo? ¿Qué se propone lograr? ¿Qué características especiales tiene este grupo de personas?*

Del mismo modo, en nuestra iglesia local, en las temporadas que no hay una serie planeada me pregunto cuál es la necesidad presente. Incluso, cuando lo amerita, llego a cambiar una serie para poder enseñar de acuerdo con la situación que estamos atravesando. Por ejemplo: durante la pandemia por COVID-19 que afectó a todos en 2020, cambié las series que ya teníamos preparadas para esa temporada y desarrollé series y mensajes que ayudaran a la fe y al ánimo de la iglesia en medio de esa situación. Ser sensibles a las necesidades y circunstancias relevantes de tu audiencia, o incluso de la comunidad en general, es también parte importante de responder a la dirección de Dios para proclamar su Palabra a otros.

> **En mi opinión, debemos predicar *para el lunes*, que el mensaje sea algo que pueda aplicarse mañana mismo, o mejor aún, hoy mismo. Es una convicción personal, pero tuve que aprender a predicar lo que mi comunidad necesita, no lo que yo quisiera escuchar; primero es la comunidad antes que mis gustos personales. Mi predicación es para esa familia que está sobrellevando una crisis o para ese individuo que está en medio de una decisión difícil, o para esa persona atravesando un momento de dolor. Entonces, predico lo que ellos necesitan recibir, no lo que a mí me gustaría dar.**
>
> **Esteban**

4- Inspiración inesperada

Por último, hermanos, piensen en todo lo que es verdadero, todo lo que es respetable, todo lo justo, todo lo puro, todo lo amable, todo lo que es digno de admiración; piensen en todo lo que se reconoce como virtud o que merezca elogio.
Filipenses 4:8

Pablo nos enseña que debemos pensar en *todo* lo que es verdadero, respetable, puro, admirable, etc. Yo veo cosas admirables en muchos lugares: a veces en un atardecer, a veces en una experiencia con mis hijos o mi familia, y en otras ocasiones veo cosas admirables en una película o en un libro, o también al escuchar a otro predicador. Creo que debemos ser estudiantes de Dios en todo lo que nos rodea

DEBEMOS SER ESTUDIANTES DE DIOS EN TODO LO QUE NOS RODEA

y, cuando encontremos que algo es admirable o verdadero, debemos regresar a la Biblia y encontrar la enseñanza de esa verdad en la palabra de Dios.

Por esa razón me mantengo muy alerta cuando veo una película o cuando voy a pasear en moto, para percibir lo que Dios quiere mostrarme, y cuando recibo una inspiración inesperada, tomo nota y escribo algunos pensamientos.

Algunas de mis predicaciones también han salido de estas inspiraciones inesperadas. Así, siempre tengo algo que predicar, y tú también puedes tenerlo, solo tienes que encontrar las vías de acceso a tu mensaje.

Una de las preguntas más frecuentes que recibo al hablar de inspiración para una predicación es *¿Puede uno inspirarse con una película, libro o música secular?*, y mi respuesta siempre es *sí*. Hay suficiente evidencia en el Nuevo Testamento de que Pablo estaba bien informado sobre las enseñanzas paganas que lo rodeaban. En la carta a Tito cita a un profeta cretense, diciendo: «Todos los cretenses son mentirosos, animales crueles y glotones perezosos» (1:12), y lo ratifica en el siguiente versículo. Para poder citarlo, tuvo que haber leído o escuchado a este profeta. Lo hace en otra ocasión para conectar con los griegos (Hechos 17:26-29), citando a sus poetas: «Nosotros somos su descendencia», y así convencerlos de no adorar a dioses diseñados por artesanos. Creo que todo predicador debería estar al tanto de lo que está «predicándose» en los medios populares, ya sea para contradecir, redimir o incluso afirmar la verdad donde la vea. Entonces, lee, mira películas, series, documentales, noticias, escucha la música popular e inspírate para tu siguiente sermón.

Jesiah

Una vez que descubres y defines cuáles son las vías de inspiración para decidir qué vas a predicar, necesitas desarrollar el contenido del mensaje. Mi convicción personal es que esto debe hacerse desde la Biblia; o sea, si tienes una idea para un «gran mensaje», tu siguiente paso es someter tu idea a la Biblia y buscar lo que la Biblia dice acerca de tu idea. No predicamos ideas, predicamos la palabra de Dios; eso significa que debes elegir un pasaje que vas a enseñar y, si ya lo tienes, entonces es momento de desarrollarlo.

Es aquí donde se inicia el proceso de determinar la idea principal que el pasaje nos enseña; una de las partes más importantes para mí en la predicación es extraer la verdad, la sabiduría, la enseñanza y el mensaje central del pasaje bíblico. A veces esto puede tardar horas. Lo que hago es, literalmente, comenzar a escribir parte por parte la explicación del pasaje, como si estuviera predicándome a mí mismo; luego busco el contexto histórico, el significado de las palabras importantes en el texto, medito y oro, pero lo que más me ayuda es escribir lo que voy descubriendo. Es como si, a medida que escribo, Dios estuviera ayudándome a desentrañar toda la riqueza del pasaje.

> *Es gloria de Dios ocultar un asunto, y honra del rey*
> *investigarlo.*
> Proverbios 25:2

> *¿Quién ha conocido la mente del Señor? ¿Quién podrá*
> *enseñarle? En cambio, nosotros tenemos la mente de Cristo.*
> 1 Corintios 2:16

Dios tiene asuntos en su Palabra que quiere que investiguemos y descubramos, ya que por medio de Cristo hemos recibido la habilidad para pensar conforme al Espíritu. Yo he descubierto que debo investigar y pensar para encontrar lo que Dios quiere mostrarme en su Palabra, y para investigar uso principalmente tres fuentes de estudio (hay más, y dentro de cada categoría hay muchas opciones):

La Biblia en otras traducciones. Leer el mismo pasaje en varias traducciones me ayuda a comprender con mayor amplitud lo que el autor quiso decir. Aunque el mensaje general es el mismo, algunas variaciones de palabras amplían el cuadro —o la pintura— para apreciar detalles que no había visto antes.

Patriarcas y matriarcas de la fe. Hay excelentes diccionarios bíblicos, libros, comentarios y meditaciones escritos por hombres y mujeres de Dios con una trayectoria reconocida en su teología. Algunos son de historia reciente, otros son de siglos atrás, pero creo que leer libros de estos hombres y mujeres donde hallamos teólogos, predicadores, misioneros e historiadores nos ayuda mucho. Recomiendo que tengas material de historia de la Biblia, comentarios bíblicos, libros de geografía bíblica, diccionarios bíblicos, biografías de hombres y mujeres de Dios y material de referencia general de maestros y predicadores de diferentes épocas. Personalmente, recomiendo el sistema *Logos* o el *Olive Tree*, ya que ambos tienen una biblioteca enorme de recursos de estudio y puedes usar sus aplicaciones en tus dispositivos.

Preguntar a quienes saben más que yo. Me gusta hacer preguntas de ciertos pasajes o posturas teológicas a personas que saben más que yo en general o en algún área específica de la Biblia. Me gusta preguntar a pastores mayores que llevan ya una larga trayectoria, pero también escucho a pastores de mi edad y también más jóvenes que yo. De todos aprendo; conocen y piensan cosas que yo no sabía, no entendía o no había considerado. Hacer esto es de gran ayuda, e incluso creo que es un método de investigación muy valioso y poco usado.

Como puedes ver, estas tres fuentes ayudan a traer claridad al mensaje central del pasaje.

Ahora bien, en ocasiones vas a encontrarte con ciertas contradicciones en las interpretaciones, opiniones o posturas de lo que investigas (lo cual es bueno porque te hace pensar y meditar más); a esto yo lo llamo *tensión*.

Es cuando la Biblia enseña dos cosas que parecen opuestas, pero si están en la Biblia no pueden ser opuestas, más bien son complementarias. Si las dos son verdad, entonces tengo que ampliar mi manera de ver la situación y vivir con la tensión de dos realidades y verdades en Dios. Por ejemplo: ¿dónde termina la soberanía de Dios y comienza la libre voluntad del hombre? ¿Es nuestra decisión, o es la soberanía de Dios? Las dos cosas están en la Biblia. Yo prefiero no decir «es totalmente la soberanía de Dios» o «es totalmente la voluntad del hombre» sino encontrar la tensión, aceptarla y ver cómo puedo crecer en mi entendimiento y mi vivir de acuerdo con estas dos realidades. ¡Me encanta descansar en la soberanía de Dios! Él lo tiene todo bajo control. Pero también me motiva a levantarme y obedecer a Dios el saber que muchas cosas dependen de mis decisiones, que él ya me dijo qué hacer pero que yo necesito hacerlo. Él no va a hacer por mí lo que me corresponde. Entonces es un baile, una danza eterna: descansar en la soberanía de Dios y moverme a hacer diariamente su voluntad.

EL PUNTO PRINCIPAL ES LA PIEDRA ANGULAR DEL MENSAJE

Así pasa con muchos otros temas. Voy a volver a abordar esto de cómo usar la tensión en nuestros mensajes más adelante, pero lo menciono aquí porque un predicador honesto debe arribar a conclusiones que la Biblia le permite obtener, pero también debe evitar conclusiones que la Biblia no define por completo. Honestamente, cuando no veo una respuesta clara, prefiero dejar que Dios sea Dios en lugar de llegar a una conclusión mediocre que pueda hacerme daño a mí y a otros. Es más honesto (y sano) decir «No sé», «Solo Dios sabe bien cómo funciona esto», «Yo solo sé que a mí me toca hacer esto» o «Algunas veces sucede así y otras veces sucede de esta otra forma». Abrazar la tensión es ser humilde ante la hermosa y profunda complejidad de Dios y su Palabra, y no hay error alguno en esto.

Además de investigar, es necesario pensar. Creo que a veces somos flojos y queremos que otros piensen por nosotros, o creemos que no tenemos la capacidad de pensar cosas espirituales, pero acabamos de leer que tenemos la mente de

Cristo. Algo que me ha ayudado con esto es que muchas veces, antes de leer otras referencias del texto, empiezo a meditar, orar y escribir los pensamientos que tengo acerca del pasaje, voy desglosándolo y luego lo comparo con los hallazgos y referencias de otros teólogos, comentarios y diccionarios. Es increíble cómo muchas cosas hacen eco, aun con siglos de diferencia. Por otro lado, en ocasiones llego a partes en las que me doy cuenta de que estaba viendo mal un pasaje o que estaba interpretándolo fuera de contexto, y ahí tengo que corregir lo que estaba anotando... pero pensar es crucial.

Me ayuda mucho escribirlo todo, como si me predicara a mí mismo. Si decides hacer esto, te recomiendo tomar un curso para aprender a escribir a máquina... o bien, en computadora (acabo de revelar mi edad, ¡ja!). Aprendí a teclear en una máquina de escribir antes que en una computadora (a estas alturas, algunos ya ni saben lo que es una máquina de escribir) y, aunque parezca trivial, esta habilidad es de gran utilidad al momento de querer capturar con fluidez los pensamientos.

En fin, el punto es que el proceso que acabo de describirte me ayuda demasiado, es como mi primer borrador; lo comparo con algún material de referencia, hago preguntas o intercambio ideas con otras personas para asegurarme de que voy por buen camino. Una vez que tengo el rumbo de la idea general del pasaje bíblico, mi meta es encontrar el punto principal, la idea central del mensaje que voy a compartir (esto es quizás lo más difícil para mí). Hablaré más del punto principal cuando explique mi mapa de predicación, pero te adelanto que para llegar a él hago un segundo borrador que ya es más que ideas y pensamientos, es un bosquejo general.

Cuando ya me encuentro a esta altura del proceso, trato de buscar dónde hay más «energía» en el pasaje. Me pregunto: *¿Qué está revelándome de Dios Padre, de Cristo Jesús y del Espíritu Santo? ¿Con qué está confrontándome? ¿Qué está enseñándome? ¿En qué está diciéndome que cambie o que me arrepienta?* Entonces, al hacer este segundo borrador —que ya es un bosquejo— mi misión es encontrar el punto principal.

Por ahora no me interesa tener un bosquejo pulido, solo uno general, para ayudarme a encontrar el punto principal. Uno de los grandes errores que cometemos los predicadores es confundir un punto principal con puntos secundarios; hacemos de algo secundario lo principal, y viceversa. Yo me he equivocado muchas veces en esto. La idea principal es algo que da sentido al resto de los puntos (secundarios), trae claridad a todo el pasaje y trae un sentir de «¡ajá!». Un minero tiene que saber la diferencia entre una piedra cualquiera y una piedra preciosa; de la misma forma, como predicadores, tenemos que saber la diferencia entre una buena idea nuestra y una joya de verdad que Dios quiere enseñarnos. Si te cuesta mucho trabajo diferenciar entre el punto principal y los puntos secundarios, es probable que necesites algo de *coaching*. Por años yo «reboté» mis ideas con mis pastores; ahora yo ayudo a mi hijo Jared y a mi esposa Kelly en su proceso. Cuando aprendes a hacer esta importante distinción (punto principal versus puntos secundarios), el proceso se vuelve más sencillo.

Una vez que tengo el punto principal, entonces sí armo el bosquejo y comienzo a pulirlo. El punto principal es la piedra angular del mensaje. Tengo que poner primero ese fundamento, y luego puedo construir la casa, que es el bosquejo final; a este último yo lo llamo *el mapa*. El concepto de tener un mapa lo escuché primero de Andy Stanley, uno de los grandes comunicadores y predicadores de nuestro tiempo. En ese entonces el concepto no era tan conocido, pero ahora es un término común entre predicadores (y hasta nos preguntamos: «¿Qué mapa usas para predicar?»).

En este libro voy a explicarte los detalles del mapa que yo uso. Ahora, algunos preguntan: «¿Por qué usar un mapa? ¿Por qué no solamente abrir tu boca y que Dios la llene?», o «¿Por qué no solamente leer un pasaje y explicarlo?».

¿Por qué un mapa para predicar? Bien, yo creo que lo que decimos es importante, y *cómo* lo decimos es igual de importante; es más, a veces el cómo decimos algo puede destruir lo que queremos decir.

Por eso es relevante el mapa —y lo veremos en detalle—, pero antes de abordarlo y estudiar el cómo predicar, quiero hacerte algunas preguntas para concluir este capítulo:

- ¿Cuáles son tus fuentes de inspiración?
- ¿Tienes el hábito de leer la Biblia?
- ¿Cuándo fue la última vez que meditaste en la Biblia y Dios te sacudió, enterneció, cautivó o confrontó?
- ¿Cómo desarrollas el contenido para tus mensajes?
- ¿Cuáles son tus referencias de estudio?
- ¿Dedicas tiempo para pensar e investigar el pasaje que vas a enseñar?
- ¿Tienes un proceso para encontrar el punto principal para tu mensaje?

5
La importancia de cómo decirlo

Si el mensaje más importante para la humanidad es el Evangelio de Cristo Jesús, entonces debe ser expresado de la mejor manera posible.

¿Alguna vez has escuchado el mismo tema transmitido por personas diferentes? Quizás pensaste que uno fue brillante y que con el otro te quedaste dormido, aunque los dos dijeron lo mismo. Fue fundamentalmente el mismo contenido, ¿cuál es la diferencia? *La forma de decirlo.* Es como cuando quieres dar de comer a un niño pequeño: haces ruidos de avión y mueves el tenedor de un lado a otro para que quiera abrir la boca y comerse las verduras. Así también para un bebé espiritual el cómo presentas la palabra de Dios es muy importante, ya que aún está aprendiendo a *agarrarle sabor.*

Ahora bien, esto no es exclusivo de quienes son nuevos en la fe. En el instituto bíblico llegamos a escuchar a diferentes maestros y predicadores; todos tenían muy buen contenido, pero no todos tenían muy buena forma para comunicarlo. Esto resultaba en alumnos desconectados, que no entendían o que preferían tomar otra clase y evitar esa materia. No digo esto para exhibir o poner en evidencia a nadie, sino para enfatizar el hecho de que la forma en que comunicamos algo abre —o en su defecto, cierra— la puerta para que se reciba el contenido que comunicamos. Quizás lo que tienes que decir es muy importante, pero si la manera en que lo dices no es pertinente y relevante, nadie va a escucharlo.

Te lo pondré de otra manera. A mí me gustan los tacos; puedo comerlos en casa, en un restaurante o en un puesto en la esquina de la calle. No importa mucho si es en un plato de plástico, de papel o de cerámica de calidad, o si los como sentado o de pie, lo que importa es cómo se ven y cómo saben esos tacos (y estar seguro de que no voy a enfermarme, claro). Si un taco no tiene buen aspecto y/o sabor no voy a comerlo, porque la experiencia misma de comer tacos es algo que debe disfrutarse. No voy a consumir la proteína y la energía que ese taco puede proveerme (por mucho que la necesite) si no se ve y sabe bien. Igual pasa con la palabra de Dios: es el mejor alimento espiritual, mental y emocional, pero muchos no lo «consumen» porque la forma en que se les presenta hace que rechacen el mensaje. Dirás que es responsabilidad del que escucha, y que si lo rechaza es su problema; en parte es así, el oyente será responsable por recibir o rechazar la Palabra de Dios, pero de igual forma, la predicación es responsabilidad del que la comunica.

Déjame presentar mi caso con algunas referencias bíblicas:

> Aun respecto de los instrumentos musicales —la flauta o el arpa, digamos—, ¿cómo se distinguirá lo que tocan si no dan un sonido distinto? Y si el trompeta del ejército no toca las notas que debe, ¿cómo sabrán los soldados que se les está ordenando prepararse para la batalla? De la misma manera, si uno le habla a una persona en un idioma que no entiende, ¿cómo sabrá lo que se le está diciendo? Sería como hablarle al aire.
> 1 Corintios 14:7-9

En este pasaje, Pablo nos dice que si vamos a comunicar un mensaje de parte de Dios lo hagamos en un lenguaje entendible. Dijo esto al escribir la carta porque algunos de los cristianos en Corinto hablaban en otras lenguas y creían que la iglesia debía entenderles por revelación o interpretación divina, pero Pablo les dice:

«Es responsabilidad de ustedes hablar en público de una manera que se entienda. De lo contrario, es hablar al aire».

Al hablar de las cualificaciones necesarias del pastor de una iglesia, Pablo afirma en 1 Timoteo 3 que un requisito es que este sepa enseñar.

Sin embargo, es necesario que tal persona viva irreprochablemente: ha de tener una sola esposa y debe ser moderado, juicioso y respetable; ha de estar siempre dispuesto a hospedar gente en su casa; debe saber enseñar.
1 Timoteo 3:2

Lo que esto nos dice es que sin duda es bueno saber mucho (contenido), pero para predicar tienes que saber enseñar (forma). Asimismo, Santiago —hermano de Jesús y líder de la Iglesia del primer siglo— era consciente de la responsabilidad que tiene un maestro y predicador de la Palabra:

Hermanos míos, no procuren muchos de ustedes ser maestros, pues como ustedes saben, seremos juzgados con más severidad.
Santiago 3:1

Lo que decimos y cómo lo decimos importa. ¿Por qué? Porque Dios ha determinado que la salvación viene por medio de escuchar la predicación del evangelio.

Pero ¿cómo van a buscar la ayuda de alguien en quien no creen? ¿Y cómo van a creer en alguien de quien no han oído hablar? ¿Y cómo van a oír de él si no se les habla? ¿Y quién puede ir a hablarles si no lo envía nadie?

De esto hablan las Escrituras cuando se expresan así: «¡Qué hermosos son los pies de los que proclaman las buenas noticias!». Así que la fe nace cuando se presta atención a las buenas noticias acerca de Cristo.

Romanos 10:14-15, 17

De modo que el que escucha es responsable de aceptar o rechazar la palabra de Dios, pero también el que enseña y predica es responsable de hacerlo con el contenido correcto y de la forma correcta.

Jesús siempre sabía con quién estaba hablando, y la forma de su predicación y enseñanza se ajustaba de acuerdo con sus oyentes. Nunca modificó su contenido (la Palabra) pero era experto en saber cómo enseñarlo; incluso, lo enseñó de una manera en la que miles de años después podemos entenderlo. Pablo, el apóstol, hacía lo mismo: cuando predicaba a judíos lo hacía de una manera, cuando predicaba a personas de otras naciones lo hacía de otra manera, y cuando estaba frente a reyes también predicaba de otra manera. Al contenido nunca lo cambió, pero fue un especialista en encontrar la forma correcta de expresar su predicación en función de su audiencia.

Ya estamos por pasar al estudio del mapa de una predicación, pero antes de hacerlo veremos tres principios cruciales para comunicar con excelencia.

A. Conoce a tu audiencia

¿A quién vas a predicarle?

Existe una materia llamada *Misiología* que es el estudio de las misiones y se enseña a aquellos que quieren ser misioneros a otros países y culturas. Uno de los principios fundamentales de la misiología es que debes aprender el lenguaje y las costumbres de las personas a quienes vas a llevar el mensaje; si vas a ir a Francia debes aprender a hablar francés, conocer sus costumbres y cultura para saber cómo enseñar y predicar de una forma en que el Evangelio sea entendible para ellos.

Yo nunca pensé que necesitaría aplicar ese principio porque nací y crecí en México, hablo español y Dios me llamó a predicar y enseñar en México, pero cuando mi hijo Jared tenía cinco o seis años tuve la idea de enseñarle la Biblia. Escogí enseñarle los diez mandamientos (Antiguo Testamento) y las ocho bienaventuranzas (Nuevo Testamento) y lo llevaba a un restaurante de comida rápida (antes de que supiéramos que esa comida puede matarte), nos pedíamos una orden gigante de *nuggets* de pollo, papas fritas y refresco, y empezábamos: «Mandamiento 1: el Señor tu Dios es uno. No tendrás dioses ajenos a mí».

Y ahora, ¿cómo le explico a un niño de seis años la diferencia entre el verdadero Dios creador y los dioses ajenos y falsos? Tuve que buscar ejemplos de las caricaturas que él veía, utilizar referencias de su mundo y adaptarme a su lenguaje limitado para explicarle los mandamientos. Imagínate el reto de explicar «No te hagas ídolos», «No codiciarás», etc., y luego explicar «Bienaventurados los mansos». ¿En qué me había metido? Ahí tuve que aplicar misiología porque, aunque él y yo hablamos el mismo *idioma* no hablamos el mismo *lenguaje*, y la responsabilidad del maestro es explicar su contenido en un lenguaje que sus alumnos puedan entender.

> **A RESPONSABILIDAD DEL MAESTRO ES EXPLICAR SU CONTENIDO EN UN LENGUAJE QUE SUS ALUMNOS PUEDAN ENTENDER**

Enseñarle la Biblia a Jared me enseñó a mí cómo predicar. Tuve que preguntarme: «¿A quién estoy predicando?». La respuesta detrás de esto es que estoy predicando a una generación posmoderna (todo es relativo) y poscristiana (carece de las referencias bíblicas y morales de generaciones pasadas) dentro de una audiencia mixta de jóvenes y ancianos, solteros y casados, profesionales y no profesionales, cristianos de años y cristianos nuevos.

¿Cómo le hablas a un grupo así? ¿Cómo le enseñas? Llegué a la conclusión de que tenía que encontrar un lenguaje común, y decidí integrar estos principios de lenguaje a mi enseñanza para hacerla más entendible.

1- Usar un vocabulario neutral e inteligente, sin ser muy sofisticado
Quiero usar palabras que personas de distintas partes de México y del mundo hispano puedan entender, así que evito muchas expresiones locales. Trato de hablar de forma inteligente pero no rebuscada, con un lenguaje fresco y natural (sin artificios), para que tanto a personas con estudios universitarios como a personas con educación básica se les haga fácil escuchar y relacionarse con el mensaje.

EL HUMOR ROMPE BARRERAS: SI ALGUIEN PUEDE REÍR CONTIGO, TAMBIÉN PUEDE RAZONAR CONTIGO

2- Usar historias y algo de humor

Las historias son un lenguaje universal. Si una foto vale mil palabras, una historia vale mil explicaciones. Uso historias personales, de sucesos actuales o de cultura popular; también uso humor al contar estas historias —cuando es apropiado— y al describir escenas bíblicas —también cuando es apropiado—. Lo hago porque el humor rompe barreras: si alguien puede reír contigo, también puede razonar contigo. Esto es muy cierto en la cultura mexicana y latina; si no me creen, vean cuántos memes se crean todos los días de todo lo que sucede (claro que algunos son muy inapropiados). El principio subyacente es que el humor y las historias son un lenguaje en común con mi audiencia.

> Existen tres tipos de historias que puedes usar, cada una con sus limitaciones y grado de impacto. La primera es la más impactante pero también la más escasa: la historia personal. En mi experiencia, contar una historia personal —por más cotidiana, íntima o sencilla que sea— deja una marca más fuerte y perdurable. La segunda es una historia bíblica; hay suficientes para predicar una historia diferente el resto de tu vida, pero tienen cierto límite, además de que su impacto depende mucho de tu habilidad para contarlas (en mi opinión, si eres capaz de contar hábilmente una historia de la Biblia, bien puedes «engañar» a tu audiencia a creer que eres buen predicador). La tercera es cualquier otra historia, parábola, chiste o anécdota de alguien más; aunque estas son ilimitadas en número, su impacto tiende a ser mínimo, aunque no insignificante.
>
> **Jesiah**

> El humor pone a toda la audiencia en un mismo sentir. Algo sucede en la atmósfera de una habitación cuando personas de distintos trasfondos pueden reírse juntas... Es magia. El humor pone a todos en un mismo nivel, aligera el ambiente, relaja y abre el corazón para recibir; generalmente lo uso al inicio del mensaje o para aliviar algo de tensión cuando es necesario. Hay humor que planeas desde antes y hay momentos en los que sale espontáneamente.
>
> **Esteban**

3- Dar explicaciones bíblicas que pueden parecer obvias

Hace tiempo me di cuenta de que los que llegan a Cristo hoy en día ya no conocen las historias bíblicas que yo aprendí de niño. No puedo dar por sentado que cuando digo «el rey David» todos saben quién es, tengo que dar por lo menos algo de referencia de quién es David: el segundo rey de Israel, etc. Dependiendo de lo que enseño, explico algunas cosas que, aunque para mí son obvias, para mis oyentes son nuevas; de esa manera, los que me escuchan por primera vez no se sienten fuera de un círculo de conocedores de la Biblia, se sienten bienvenidos a ser parte de la conversación y pueden conectarse con lo que estoy enseñando.

4- Dejar algunas cosas para pensar más a fondo

Como también tenemos a cristianos de años y décadas en la iglesia, quiero darles algo para pensar y meditar que sea fresco para ellos. Si estoy hablando del rey David, les doy alguna joya teológica de cómo David es una sombra de Jesús, desde una perspectiva que quizás no habían considerado antes, o puedo desafiarlos en algún pensamiento legalista (que de pronto es común en los que llevamos ya tiempo en el evangelio). De esta manera, ellos también se sienten alimentados, desafiados y discipulados.

MI TRABAJO ES PROCLAMAR, LLAMAR A UN CAMBIO, PERO TAMBIÉN DAR ESPACIO A LA OBRA DEL ESPÍRITU SANTO PARA QUE LA PERSONA SEA CONVENCIDA POR DIOS

A esta dinámica de explicar cosas obvias y dar conceptos profundos en un mismo mensaje la llamo *el principio de la piscina comunitaria.*

No sé si alguna vez has ido a una piscina comunitaria. Además de que el agua no se ve muy limpia y no sabes si es exclusivamente agua, te darás cuenta de que hay todo tipo de personas en ella: niños aprendiendo a nadar, adultos que no saben hacerlo y personas de todas las edades que ya son expertas nadando. Casi por diseño, muchas piscinas comunitarias tienen un lado poco profundo y un chapoteadero donde están los niños y los que no saben nadar, y poco a poco la piscina va haciéndose más honda hasta que es lo suficientemente profunda para los expertos que saben tirarse clavados y nadar. Entonces, dependiendo de tu capacidad para nadar, escoges en qué parte de la piscina vas a estar (bueno, si te animas a entrar después de ver el color del agua).

Así quiero predicar siempre: quiero que el que no sabe nada de la Biblia se sienta bienvenido y parte de la conversación, y que el que tiene años de estudiar la Biblia también sienta que puede seguir profundizando en su relación con Dios.

5- Dar permiso para pensar

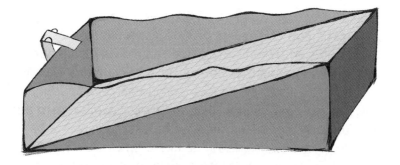

Como sé que le hablo a una generación posmoderna (entre ellos la *generación X*, los *millennials* y la *generación Z*) he tenido que comprender que para ellos es muy importante que les des permiso de pensar, de llegar a sus propias conclusiones, de tomar sus propias decisiones. Por lo tanto, aun cuando yo esté 100% convencido de que lo que digo es la verdad, puedo expresarme de la siguiente manera: «Muchas veces Dios...», «Puede ser que lo que has pensado está equivocado...», «En mi opinión...», «Pídele a Dios que te muestre a ti...», «Quizás no crees lo que yo creo, o estás pensando "esto" del cristianismo; y está bien, eres bienvenido a considerar y aprender junto con nosotros. Todos estamos aprendiendo más de Dios», «En mi experiencia...», "Pablo nos enseña...», etc.

Quizás uso otras frases más, pero estas son las que se me ocurrieron aquí y ahora. La idea de usar frases así al dar tu mensaje es que estás dándoles permiso a considerarlo, a pensarlo. Hace tiempo descubrí que el Espíritu Santo es mucho mejor convenciendo que yo; mi trabajo es proclamar, llamar a un cambio, pero también dar espacio a la obra del Espíritu Santo para que la persona sea convencida por Dios, y no que haga o deje de hacer algo porque yo estoy presionándola. Concedo este «espacio» para pensar, por empatía con el lenguaje de esta generación y por honor al trabajo del Espíritu Santo. Claro que hablo de verdades absolutas y expreso con confianza que hay un solo camino a Dios y que ese camino es Jesucristo, que el pecado es pecado y la justicia es justicia, no me refiero a diluir el Evangelio, me refiero a que, al comunicarlo, demos permiso a que esta generación también forme sus convicciones de lo que nosotros ya creemos. Algunos van a hacerlo rápidamente, otros van a tomarse su tiempo.

TU SONRISA, EL TONO DE VOZ Y TU LENGUAJE CORPORAL HABLAN IGUAL O MÁS FUERTE QUE TUS PALABRAS

Esto es parte de la belleza del arte y llamado a predicar. Cada mensaje resuena de manera diferente en el corazón de cada persona, toca las fibras adecuadas y, por obra del Espíritu Santo, produce el fruto necesario. En ocasiones, se me han acercado personas para contarme cómo Dios les habló algo durante mi mensaje, algo que ni siquiera mencioné... Esa es la obra del Espíritu a través del arte de predicar. Un sermón tiene vida y se mueve en los corazones de las personas para traer la frescura necesaria.

Esteban

6- Lenguaje corporal adecuado

En mis inicios, cuando mi papá me escuchaba predicar, yo le preguntaba: «¿Qué te pareció el mensaje?», y él me decía: «Muy bueno, pero quiero recomendarte sonreír. Tu sonrisa, el tono de voz y tu lenguaje corporal hablan igual o más fuerte que tus palabras». Al principio me molestaba que no me diera ninguna retroalimentación acerca del contenido, solo de mi lenguaje corporal, pero me sometí a su sugerencia y empecé a obligarme a sonreír, a tener un tono de voz más amigable y a usar un lenguaje corporal más relajado e incluyente. Con el pasar de los años me di cuenta de que una sonrisa conecta con muchas generaciones: niños, jóvenes y ancianos. Las personas pueden olvidarse de tus palabras, pero siempre recordarán tu actitud.

Tristemente, muchas veces nuestros mensajes pasan al olvido. La gente olvida lo que decimos; todas nuestras horas de preparación y estudio desaparecen de su memoria. En múltiples ocasiones le he preguntado a personas de mi equipo si recuerdan la predicación de hace tres días y no recuerdan nada, muchas más veces de las que quisiera admitir. Mi consuelo es que aun cuando olviden qué decimos, las personas siempre recuerdan cómo los hicimos sentir. El lenguaje corporal, en gran medida, «mueve la pelota» en la dirección correcta.

Esteban

Ningún predicador sonríe mejor que Andrés Spyker.

Jesiah

Una de las cosas que más trabajo me ha costado aprender —y lo sigo aprendiendo— es cómo superar un momento en el que me siento «trabado». Cuando estoy en esos momentos en que me atoro, mi tendencia natural es ponerme serio e insistir en un punto, se me tensan el cuello y los brazos, y por dentro me siento muy frustrado. Mi esposa Kelly y amigos cercanos siempre pueden notarlo. Dos cosas me han ayudado: la primera fue reconocer qué me ponía así.

Después de pensarlo un rato, llegué a la conclusión de que cuando veo a alguien desconectado en la predicación, o cuando siento que algo que dije no tuvo el impacto que yo quería, es cuando me siento atascado. Entonces estoy aprendiendo a desatorarme, a buscar salidas; lo que hago es que volteo a ver a personas que sí están conectadas y me enfoco en ellas. La segunda cosa es que le doy vuelta a la página, paso a lo que sigue en mis notas, sin preocuparme del impacto que tuvo o no lo que acabo de decir. A veces uso humor y digo cosas como: «Guau, pensé que ese punto iba a ser una gran revelación», y luego sigo adelante. ¿Y por qué quiero salir rápidamente de esos momentos de «atoramiento»? Porque en esos momentos mi lenguaje corporal está diciendo algo contrario a mis palabras; no me ayuda ni a mí ni a mi audiencia, y es como estar peleando contra mi propio mensaje.

B. Encuentra tu voz

Todos tenemos una voz. Algunos ya saben qué voz es la que tienen, mientras que otros necesitan encontrarla. Ahora, no me refiero al sonido literal de tu voz sino a su cualidad única y singular. Una trompeta suena a trompeta y una flauta suena a flauta, pero si una flauta quisiera hacer de trompeta se escucharía muy raro, y si una trompeta quisiera tocar las partes de una flauta en una sinfonía sería igualmente molesto y extraño. Lo mismo pasa con los predicadores y comunicadores: todos tenemos una voz.

Aunque de manera natural hablo con mucha emoción, me gusta el humor y disfruto analizar las cosas. Cuando empecé a predicar no encontraba mi voz, no sabía cómo transmitir mi «voz de sobremesa» en mi voz en el púlpito. A veces, después de predicar, mi esposa me decía: «Eso fue muy tú», «Te escuché muy natural», y en otras ocasiones era: «Me encantó el mensaje, pero te vi frustrado». Empecé a notar que a veces era mi voz y a veces no; a veces era una trompeta queriendo sonar como flauta.

Es importante encontrar tu voz porque cuando las personas ven una trompeta quieren y esperan escuchar una trompeta, no un saxofón. Hablando de trompetas, mi papá toca la trompeta de manera espectacular y le encanta escuchar música con trompetas, y busca artistas de jazz que toquen trompeta y los escucha. Si mi papá compra o descarga en su teléfono un álbum que dice «Música jazz trompeta» pero al escucharlo no hay trompetas sino saxofones, mi papá no va a querer seguir escuchando ese álbum. Igual sucede con predicadores y comunicadores: las personas quieren escuchar *tu* voz. No

ENCONTRAR TU VOZ SIGNIFICA QUE ERES TAN NATURAL EN EL PÚLPITO COMO LO ERES CON AMIGOS Y FAMILIA ALREDEDOR DE UNA MESA

están apartando su valioso tiempo para escucharte hablar con la voz de alguien más, quieren oír las palabras de Dios expresadas a través de tu voz. Quizás otros han predicado ya el mismo pasaje o tema que estás predicando, pero nadie puede predicarlo con tu voz… y quieren, necesitan escucharla.

Encontrar la voz personal implica un proceso, y cada uno va a vivirlo de manera distinta. Yo, por ejemplo, tuve que imitar las voces de otros predicadores hasta que empecé a descubrir qué era lo que sonaba como Andrés Spyker. Por una temporada usé la voz de nuestro pastor Pablo; imitaba su estilo y hasta empleaba los mismos gestos que él hacía con su cara y manos. Otra temporada imité el estilo de mi papá, de Bob Sorge y de otros hombres de Dios que admiro, y en otro momento imité el estilo de un predicador totalmente distinto al mío: era gritón y agresivo, y usaba demasiado material. Mi esposa me decía: «Esto no suena a Andrés», y yo mismo me sentía frustrado. En otra temporada imité a un predicador conocido por su humor, entonces traté de usar mucho humor, y así fui probando estilos y voces hasta que empecé a encontrar mi voz. De vez en cuando, en mi inseguridad, trato de usar otra voz, pero estoy aprendiendo a usar mi voz con más confianza, poco a poco.

Me parece importarte opinar que, si bien la meta es encontrar la voz que Dios te ha dado, creo que también vale el tomar una revelación o idea de otro predicador. Es más, me animaría a decir que no está mal usar una predicación completa, especialmente cuando estás comenzando. No aprendes a tocar la guitarra tocando tus propias composiciones; las ideas originales vienen mucho después de haber desarrollado tu habilidad para preparar y predicar un mensaje. Y piensa que, siendo bebés, todos aprendimos a hablar imitando a nuestros padres.

En mi opinión, la imitación no debería ser un tema tabú para nuevos predicadores ni algo mal visto. Una de las razones por las que predicadores como Charles Spurgeon se volvieron tan populares fue porque transcribían sus mensajes y los difundían a otros predicadores. Que nunca te dé vergüenza tomar una predicación de otro; la meta no es la originalidad, es esparcir el evangelio.

Jesiah

TODA PREDICACIÓN NECESITA UN MAPA, UN PLAN

Encontrar tu voz significa que eres tan natural en el púlpito como lo eres con amigos y familia alrededor de una mesa. Claro, al hablar en público usarás inflexiones de voz, dinámicas de volumen y otras cosas necesarias, pero la idea es que, en esencia, seas tú mismo.

Queremos tu esencia; es más, necesitamos tu esencia. Tienes un don único de parte de Dios, no hay nadie como tú para hacer lo que Dios te mandó a hacer. Seas joven, anciano, hombre o mujer, necesitamos escuchar tu voz. Este es el plan de Dios; es una locura, pero él decidió escoger vasijas rotas —personas quebradas e imperfectas— para dar a conocer su perfecto amor. No nos robes la oportunidad de escuchar lo que Dios ha puesto en ti.

Todo arte tiene un medio: para el músico, es su instrumento; para el fotógrafo, es su cámara; para el pintor, es su pincel. En este arte de predicar, tú mismo eres el medio... y te necesitamos a ti.

Jesiah

¿Cuál es tu voz? ¿La conoces? ¿Qué estás haciendo para encontrarla? Necesitamos tu voz.

C. Usa un mapa

Si vives en una ciudad grande, conoces la importancia de un mapa; si has hecho un viaje a un lugar que no conoces, sabes que un mapa puede ser la diferencia entre un viaje memorable o un viaje infernal; y si vives en un lugar donde conoces todas las calles, atajos y rincones, entonces el mapa está en tu mente, pero todos necesitamos un mapa para llegar desde un punto A hasta un punto B.

Asimismo, toda predicación necesita un mapa, un plan; tradicionalmente se lo conoce como *bosquejo*. A mí me gusta usar el término *mapa* porque te da la idea de llegar a un destino, es la noción de llevar a un grupo de gente contigo hacia un fin deseado.

Aprendí esto de Andy Stanley en su libro *Comunicación: la clave para lograr cambios duraderos* (recomiendo este libro a todo predicador). En él, Andy sugiere un mapa que ha usado por años. Yo aprendí a usar ese mapa y lo empleé por un año seguido cada vez que predicaba y sin alterarlo; me enfoqué primero en aprender la disciplina de apegarme a un mapa para predicar. Una vez que aprendí a usar bien ese mapa, me di cuenta de que mi estilo de predicación requería otro tipo de mapa, y fue en ese punto que comencé a hacerle modificaciones, hasta que encontré el que a mí me funciona.

Comparto esto porque, cuando enseño el principio de usar un mapa, muchos no logran desarrollar la disciplina de apegarse a él; quieren aplicar uno distinto cada semana porque «no se hallan», y yo les digo: «Comprométete a usar el mismo mapa durante seis meses o un año antes de modificarlo u optar por otro». ¿Por qué? Porque usar el mismo mapa por un período prolongado te obliga a aprender sus dinámicas; si lo cambias cada semana, nunca te darás cuenta de las áreas débiles en tu comunicación, nunca desarrollarás los hábitos necesarios para comunicar con excelencia. Hoy en día hay muchas *apps* de mapas y navegación en los teléfonos móviles, y cada una funciona un poco distinto; si cada vez que manejas cambias de *app*, quizás llegues a tomar una vuelta equivocada, porque cada una te avisa de manera diferente.

Aprender las rutas de una ciudad es más fácil si eliges y te apegas a un mapa, así que escoge el mapa que se adapte mejor a lo que tú consideras que es tu estilo de predicar —o al estilo del predicador que más te gusta escuchar— y úsalo por un período de tiempo considerable, o prueba dos o tres mapas distintos y luego decide cuál de ellos vas a usar.

Como lo mencioné anteriormente, una vez que tengo el punto principal —la idea fundamental— de mi mensaje, empiezo a organizarlo conforme a mi mapa. En el apéndice del libro encontrarás algunos bosquejos de mensajes que he desarrollado usándolo; para mí, el mensaje empieza a tomar verdadera forma y sentido cuando lo organizo allí.

Conozco algunos predicadores que elaboran un mapa mental (que es una estrategia para organizar ideas y notas), otros usan colores o algún otro método de organización. Yo soy muy «lineal», así que hago mis anotaciones en un procesador de texto y escribo mi mapa, parte por parte. No plasmo todo lo que voy a decir al respecto (algunos sí lo hacen), solo las ideas generales de lo que voy a decir en esa sección. Algunas veces reduzco mis notas a dos o tres páginas, y en otras ocasiones, a una sola.

Mi formato favorito es de tres páginas y encuentro formas de ajustarlo a esa medida: puedo aumentar el tamaño de letra de algunas frases, distribuir el texto de cierta manera, etc. También es cierto que ya aprendí a manejar mi tiempo con las notas distribuidas en tres páginas (muchos pastores recomiendan una sola página de notas, pero creo que, al final, tienes que encontrar tu manera).

Para predicar, trato de memorizar mi mapa y la idea general de cada parte de este; memorizo también la frase del punto principal y los puntos secundarios. Conocer mi mapa de antemano y saber qué sigue en la secuencia me ayuda mucho a no perderme en una tangente y poder regresar fácilmente si me pierdo, y también a enfocarme para llegar al punto principal.

UNA TRANSICIÓN CONSISTE EN CONECTAR UNA IDEA CON OTRA

Soy de las personas a las que les gusta hablar mucho de algo, por lo que sin un mapa tengo la tendencia a darle varias vueltas a la misma cosa, lo que alarga el mensaje y lo hace tedioso, haciéndole perder fuerza y sentido. Además, la verdad es que las personas son muy inteligentes y captan las cosas a la primera, entonces, por respeto al tiempo y al intelecto de los demás, uso el mapa, que me ayuda a enfocarme y a enfocar a toda la audiencia.

Otra razón por la que me gusta el concepto de un mapa es porque me permite ver el panorama completo, y entonces sé dónde se encuentran las vueltas, los cambios de velocidad y los tramos difíciles o cruciales. Esto a su vez me ayuda a recordar que hay gente yendo conmigo a este destino, que no estoy yo solo leyendo un texto o dando información, sino que estoy llevando a otros en un viaje a comprender la palabra de Dios. Si doy una vuelta muy rápido y no les aviso, puedo lastimarlos; o si freno muy fuerte sin ellos saberlo, pueden golpearse con el asiento de enfrente. Los que son papás y les gusta manejar saben que conducir solo y con la familia son dos cosas bien distintas: cuando vas con la familia tienes que conducir más lento, avisar si vas a frenar de súbito, etc., porque tus acciones afectan a las personas que te acompañan. Es lo mismo predicando: no estás en un paseo tú solo, estás llevando a un montón de personas contigo y, si los mareas, van a querer bajarse del auto... y vas a perderlos.

Hace unos años, unos amigos nos invitaron a predicar a Chicago y tomamos el día previo para conocer la ciudad. Kelly y yo nos subimos a un *ferry* que daba un recorrido por el canal que atraviesa gran parte del centro de la ciudad; es un tour arquitectónico de Chicago (yo no sabía que uno de los tesoros de la arquitectura moderna es precisamente la ciudad de Chicago) y nos subimos junto con un gran grupo de personas. La guía y el capitán del barco nos saludaron y nos dijeron cuál era el plan del tour, cuánto iba a durar y qué podíamos esperar del recorrido. En algunos puntos de la ruta, el barco iba muy lento para dar tiempo a la guía de explicar la historia de cierto edificio; hubo también un momento en el que tuvimos que dar una vuelta en U al llegar al final de una sección específica de la ruta, donde el barco casi hizo un alto total antes de virar. A un lado del barco observé a dos personas en un pequeño bote deportivo que iban bastante rápido y dieron la vuelta en U a toda velocidad. Se veía emocionante, y por un instante me hubiera gustado ir en ese bote y no en el ferry turístico; sin embargo, la verdad es que ese tour fue fascinante. Me enamoré de Chicago y del arte en la arquitectura en general.

Volviendo a la idea del uso del mapa, ese es precisamente el concepto de fondo: llevas a la gente contigo en un recorrido por la palabra de Dios. Si fueras tú solo, podrías hacer lo que quisieras, dar las vueltas donde quisieras y a la velocidad que quisieras, pero al llevar a tanta gente, como en un ferry, necesitas tener un mapa claro, explicar a todos el propósito del mensaje, tomar las curvas lentamente y bajar o subir la velocidad de acuerdo con lo que se está viendo en el tour.

En esta misma analogía, cuando hablo de tomar las curvas con lentitud, estoy refiriéndome a las *transiciones*. Cuando comencé a predicar no prestaba atención a las transiciones, solo me interesaba ir del punto 1 al punto 2. Ahora entiendo su valor en la comunicación: una transición consiste en conectar una idea con otra. Es una frase, un puente entre un punto y otro, una curva que tomas para hacer un cambio de dirección de acuerdo con tu mapa. Más adelante explicaré las transiciones en detalle, pero creo que todos los predicadores deberíamos comprometernos a desarrollar un mapa claro con transiciones bien definidas. Llámale bosquejo, notas o como quieras, pero asegúrate de que sea claro para ti y para tu audiencia.

Ahora te pregunto:

- ¿Tienes un mapa para predicar o comunicar? ¿Cuál es?

- ¿Tienes un destino claro en cada mensaje que comunicas?

- ¿Conoces de memoria las partes de tu mapa y usas buenas transiciones?

- ¿Qué ajustes necesitas hacer para mejorar tu mapa para ti y para tu audiencia?

6
Si tengo un mapa, ¿para qué necesito al Espíritu Santo?

Uno de los argumentos que más escucho cuando enseño el principio del mapa es cuando predicadores —jóvenes y mayores— me preguntan: «¿Cómo puedo fluir con lo que Dios quiere decir en el momento si ya lo tengo todo planeado? ¿Cómo puedo sonar natural, genuino, si estoy "amarrado" a mis notas? ¿Hay lugar para ser espontáneo y hacer o decir cosas que no están en el mapa?». Algunos, literalmente, me han dicho que yo no dependo del Espíritu Santo para predicar y que soy muy carnal porque me baso en un mapa para predicar. Aunque se presenta en forma de preguntas o comentarios, el argumento de fondo consiste en pensar que, si tienes un mapa bien definido y organizado, estás cerrando la puerta a la creatividad y espontaneidad tanto de ti mismo como de la intervención del Espíritu Santo en ese momento.

Bueno, he aquí mis respuestas.

1 - El Espíritu Santo puede hablarme antes de predicar, mientras predico y después de predicar; no está limitado a mis treinta minutos de predicación. Es más, si estudias a varios de los profetas, notarás que ellos recibían el mensaje de parte de Dios antes de predicarlo, y luego lo llevaban a la gente.

Jesús también se apartaba a lugares solitarios para orar y regresaba con un mensaje de Dios para las personas.

Yo creo que el Espíritu Santo puede darte el mensaje antes de predicar; es más, puede dártelo días, semanas o meses antes de predicarlo. También creo que Dios puede hablarte y ampliar tu revelación mientras estás predicando. Me ha sucedido que al estar predicando Dios me recuerda un ejemplo, me aclara un pensamiento o me pone algo específico para decir. Incluso cuando predico el mismo mensaje en varias reuniones — aunque el mensaje general es igual—, casi siempre voy a decir cosas distintas, porque Dios sabe quién está en esa audiencia. Dios también me habla después de predicar; me corrige si dije algo equivocado, puede ayudarme a traer claridad a una idea o a reorganizar el orden de mi enseñanza para que tenga más impacto la próxima vez, etc.

Me ha pasado que Dios me cambia el mensaje después de haber pasado horas preparándolo y estudiando, y tengo que hacer anotaciones rápidas justo antes de predicar. Es estresante y emocionante: Dios te da todo el mensaje en minutos. Me encanta que eso suceda, y me gustaría que sucediera siempre, pero la verdad es que el 99% de mis mensajes son producto de mucha preparación, de escuchar a Dios hablarme antes de predicar y de desarrollar con diligencia la predicación. En mi

JESÚS TAMBIÉN SE APARTABA A LUGARES SOLITARIOS PARA ORAR Y REGRESABA CON UN MENSAJE DE DIOS PARA LAS PERSONAS

experiencia, el fuego del Espíritu Santo arde con más facilidad sobre la leña de la preparación: Elías preparó el altar con piedras, leña y sacrificio, y Dios hizo descender fuego y lo consumió. Si no hay preparación no hay una ofrenda, no hay un altar donde Dios pueda manifestar su poder.

2 - Predicar es como tocar jazz. Me encanta el jazz; es una combinación perfecta de estructura y caos, en donde años

de disciplina y práctica se unen con momentos de fluidez e improvisación realmente emocionantes.

Es imposible que puedas tocar jazz si no sabes música. Si no dominas la estructura musical y no cuentas con la preparación suficiente, no hay manera de que puedas improvisar, solo producirías ruido. Lo increíble del jazz es que en él se rompen algunas reglas musicales mientras se guarda una estructura, y lo que pudiera parecer caos es un sonido glorioso. No hay nada mejor que ver y escuchar a una banda de jazz integrada por músicos que han tocado juntos por años.

TENER UN MAPA DEL MENSAJE NO LIMITA TU CREATIVIDAD O CAPACIDAD DE IMPROVISAR, MÁS BIEN TE POSICIONA PARA TENER MÁS CREATIVIDAD Y UNA IMPROVISACIÓN APROPIADA

Incluso pueden ser solo tres o cuatro instrumentos: piano, contrabajo, batería y saxofón; con eso ya basta. ¡Es una locura! Hay momentos en que crees que todo se perdió, y de pronto todo regresa como por arte de magia a una coordinación musical extraordinaria, ¡y lo hacen ver tan fácil! Pero lograr esos cinco o diez minutos de mágica improvisación —de juego musical entre ellos— ha llevado años de práctica, estudio y preparación.

El mismo principio se aplica a predicar: tener un mapa del mensaje no limita tu creatividad o capacidad de improvisar, más bien te posiciona para tener más creatividad y una improvisación apropiada. El mapa es la estructura musical general, y puedes romper tus propias reglas e improvisar una vez que conoces y dominas dichas reglas, es decir, puedes alterar o «jugar» con un acorde musical solo cuando has aprendido su estructura.

No hay nada más emocionante que ver a un músico fluir; puedes percibir en sus ojos y en su sonido cuándo está *en la zona*. Generalmente eso se da en las improvisaciones, pero cada improvisación vive sobre la base de años de edificar los fundamentos.

Me encanta la analogía del jazz, es perfecta para comunicar la idea de poder fluir dentro del margen establecido. Una vez que tienes las bases puedes fluir sin salirte de las vías del tren. La espontaneidad nace cuando dominamos lo básico.

He escuchado predicar al pastor Andrés por muchos años y en innumerables ocasiones las mejores perlas de sabiduría que lanza en un mensaje no estaban en sus notas, sino que salían del pozo del Espíritu. Para acceder al pozo tengo que caminar en los fundamentos primero. La preparación es indispensable. Dios no tiene por qué bendecir algo para lo cual yo no me preparo.

Esteban

Mayor preparación y planeación contribuyen a mayor naturalidad. Toqué la batería por un tiempo; mientras menos practicaba una canción, más tenía que enfocarme en tocarla bien, y al tocar estaba rígido, estresado y preocupado... no me veía natural. Por el contrario, cuando me sabía bien una canción, entonces ni tenía que pensar tanto en lo que estaba tocando; me fluía, podía sonreír, disfrutar el momento. A mayor preparación, mayor naturalidad.

3 - Si te encanta predicar o comunicar pero odias la preparación, entonces estás enamorado de la plataforma más de lo que amas a las personas que sirves con tu predicación.

Cuando predicamos estamos dando un mensaje que puede cambiar la vida de las personas. Quizás tienes talento para moverte en una plataforma y hablar con carisma, pero nada sustituye al trabajo de preparación para tener un mensaje claro y con sustancia que pueda ayudar de manera tangible a las personas a las que servimos.

Y tú, ¿cómo te preparas para predicar y comunicar? ¿Has planeado suficientemente tu mensaje, de modo que puedas compartirlo con naturalidad? ¿Tratas de recibir el mensaje de parte de Dios con suficiente antelación o esperas al último momento? ¿Disfrutas del trabajo de preparación o solo disfrutas predicar?

7
El mapa

Estamos frente al capítulo más largo de este libro, y esto es porque compartiré contigo de manera detallada los pasos que conforman el mapa que puede servirte —y mucho— para organizar tus predicaciones y bosquejos. Este mapa está dividido en diez secciones que podrás estudiar en profundidad para poder obtener la mayor riqueza posible de esta estrategia, así que, hecha la aclaración, sumerjámonos en la tarea y pidamos a Dios que nos dé sabiduría para comprenderlo y capacidad práctica para aplicarlo.

1 - Presentación y propósito

Mi mamá me enseñó a nunca hablar con extraños. Una vez, cuando tenía cuatro años, me perdí por más de una hora; mi mamá me buscó por todo el vecindario, y me encontró comiendo tacos con los albañiles (no hay mejores tacos que los que ellos se preparan a mediodía). Ella estaba con el corazón latiendo a mil por hora, mientras yo disfrutaba del almuerzo con mis nuevos amigos.

Al predicar necesitas presentarte. Llámale protocolo o como quieras, pero es un principio universal: si alguien te cae bien, vas a escucharlo, pero si te cae mal, no.

Entonces, siempre me presento (varía un poco, dependiendo del contexto). Si estamos en *Más Vida* —nuestra iglesia local—, usualmente saludo a los distintos campus conectados, y a veces menciono algún partido de fútbol u otro evento deportivo que esté en boca de todos como para conectar con quienes no me conocen y que sepan que soy normal, como ellos. A veces cuento un chiste, y otras veces digo: «Si no tengo el gusto de conocerlos, mi nombre es Andrés, y junto con mi esposa Kelly somos pastores en esta iglesia».

Si predico en otra iglesia, mi primera meta en la presentación es agradecer a los pastores o personas que amablemente me invitaron a compartir, trato de honrarlos y decir algo del corazón que muestre respeto y admiración hacia ellos. Luego, es probable que comente algo acerca de mi viaje para llegar al evento, o les digo que mi esposa —con quien llevo casado más de veinte años— les manda saludos, o les enseño una foto de mi familia. De pronto, haré alguna referencia a la comida o cultura de esa ciudad o país, algo con lo que pueda presentarme.

Una vez que me he presentado, menciono el propósito de mi mensaje. Esto empecé a hacerlo más recientemente; ignoré este paso mucho tiempo, pero creo que es crucial. Compartir el propósito es decirles a las personas adónde va el ferry, que sepan cuál es el fin de tu mensaje. La clave es ser breve y decir lo suficiente como para llamar la atención, pero no demasiado como para *espoilear* tu mensaje.

Establecer un propósito es indispensable y ayuda en la preparación de un mensaje. Cuando mi hijo Jared, mi esposa o alguien del equipo va a predicar y no saben acerca de qué, les pregunto: «¿Tienes un propósito? ¿Qué quieres lograr con este mensaje? ¿Es para sanar algo, despertar algo, confrontar algo, animar a alguien? ¿Es para ayudarlos en sus emociones, en su vida de oración, en su familia?», y si no tienen un propósito, les sugiero un tema o propósito general para darles dirección.

Te lo diré con un ejemplo más: si estoy por viajar en avión a Orlando (Florida), me aseguraré de estar en la sala del aeropuerto que dice «Vuelo a Orlando, FL». Sé qué esperar, sé adónde voy. Es igual a decirle a tu audiencia de qué vas a predicar o qué vas a comunicar: los subes al avión contigo.

2 - Pasaje bíblico y título

Después de presentarme y compartir el propósito, leo mi pasaje, y después de leer el pasaje doy mi título. Leo el título después de leer el pasaje —y no antes— porque a mí me ayuda a darle el marco y contexto correctos al pasaje que acabamos de leer, y me ayuda a hacer una transición a la parte que sigue en mi mapa. He escuchado a predicadores mencionar su título antes de leer el pasaje, y a otros —como yo— después del pasaje, mientras que otros ni siquiera usan título y otros no lo mencionan sino hasta media prédica (y muchos de ellos son brillantes comunicadores). En fin, ordenarlo de esta manera a mí en lo personal me ayuda mucho a enfocarme, ya que es como el punto de arranque, y también me ayuda a crear una buena transición entre el pasaje bíblico y el siguiente paso en mi mapa.

En lo personal, leer la Biblia al inicio es mi cobija de seguridad, me da la firmeza y la confianza de saber que estoy empezando con el pie derecho. ¿Qué mejor manera de empezar un sermón que leyendo la palabra de Dios? Si después de eso fracasé, al menos escucharon la palabra de Dios por unos minutos.

Esteban

Como ya lo mencioné, antes del título leo el pasaje central de mi mensaje. Ahora, creo que es muy importante cómo leemos el pasaje. Claro que la Biblia tiene poder de hablar, confrontar y transformar con solo leerla, pero cómo la leemos ayuda a quienes nos oyen, así que procuro leerla con claridad; trato de usar inflexiones de voz correctas y de enfatizar una frase o palabra que será importante para el mensaje. Un punto importante relacionado con este punto es que, si el pasaje por sí solo no provee cierto contexto de quién está hablando o a quién se le está hablando, diré algo como «En este pasaje, Jesús está contestando una pregunta a un fariseo en ocasión de ir a cenar a su casa», y entonces leo el pasaje.

A veces también, mientras voy leyendo, hago pequeños

comentarios de lo que aparece en el texto. Por ejemplo: si leo el nombre Aristarco, puedo decir algo como «Qué creatividad para poner nombres en esa época» (como ya vimos, algo de humor conecta a las personas, especialmente si se trata de un pasaje largo), o si leo algo como *efod*, puedo explicar brevemente qué es, ya que *efod* no es una palabra que utilicemos en nuestro lenguaje, y así pueden hacerse pequeñas referencias para captar el interés de mis oyentes en el pasaje y no perderlos al momento de leerlo. Me gustaría que todos fuéramos tan maduros en la fe como para poder leer varios capítulos seguidos y prestar toda la atención del mundo, pero la realidad es que vivimos en una sociedad y generación que pierde el interés con rapidez, y hacer este tipo de comentarios es aplicar el principio de misiología, o sea, hablar el lenguaje de tus oyentes.

Posteriormente, digo algo como «Hoy he titulado mi mensaje...» y menciono el título. Si te fijas, no digo «esta mañana», «esta noche», «este sábado» o «este domingo» sino «hoy». La razón es que nunca sé quién, dónde y a qué hora va a ver o escuchar el mensaje, y quiero que se sienta conectado en cualquier momento.

El título es sumamente importante. Un gran amigo, el pastor Andrés Corson (iglesia *El Lugar de Su Presencia* en Bogotá, Colombia) me convenció de la importancia de un buen título. Me explicó cómo en YouTube o en los medios de comunicación en general el título tiene que atraparte; como hay tanta información compitiendo por nuestra atención, si el título no te cautiva, lo más probable es que algo más lo haga.

Puedes tener un gran mensaje, pero muchos no van a encontrarlo si no tiene un buen título. Tengo algunos amigos que incluso creen que el título es lo más importante después del punto principal; no sé si estoy de acuerdo con ellos, pero sí es muy importante. Antes yo me irritaba con el concepto de un título: «¿Por qué no pueden las personas entender que el mensaje es importante, aun cuando el título no es bueno?» y, honestamente, es de las partes que más trabajo me cuesta definir; hasta el día de hoy, casi cada vez que escribo un mensaje, encontrar el título me rompe la cabeza, por lo que a veces pido ayuda a mi equipo de trabajo.

Ahora, en el proceso de «armar» una predicación, el título es casi lo último que escribo porque quiero que el título obedezca al espíritu del mensaje y no que el mensaje se someta a un título atractivo; prefiero subordinar el título al contenido. Hay veces en que, en una de esas inspiraciones inesperadas que llego a tener, me viene a la mente el título y a partir de ahí desarrollo el mensaje, pero eso casi nunca sucede. A veces quisiera que esto sucediera más seguido, porque así es mucho más fácil, pero a mí no me pasa a menudo, más bien el título viene después de la preparación y el contenido que he desarrollado. Por cierto, el pastor Andrés Corson es experto en usar títulos increíbles (seguro lo has escuchado).

Finalmente, cabe destacar que solo menciono el título; casi nunca agrego otra cosa, excepto cuando el título realmente lo amerita o se me ocurre en el momento. Por ejemplo, en un mensaje reciente titulado *El milagro está en tus manos* (que puedes buscar en YouTube con ese nombre, o verlo en este link: www.youtube.com/watch?v=w0So5qnfSfo&t=1s)

LA BIBLIA TIENE PODER DE HABLAR, CONFRONTAR Y TRANSFORMAR CON SOLO LEERLA, PERO CÓMO LA LEEMOS AYUDA A QUIENES NOS OYEN

dije algo así como: «Algunos hijos están diciéndole a papá: "¿Ya ves? El milagro del Xbox está en tus manos"». Fuera de eso, por lo general únicamente menciono el título y continúo con lo que sigue.

3 - Historia de introducción

¿Alguna vez has escrito un libro? Por años pensé y soñé con escribir un libro; incluso llegué a decir «Este año voy a escribir un libro» pero, por una cosa u otra, siempre iba postergándolo. Mis amigos me insistían, y yo ponía excusas como «no sé si es el tiempo correcto»; espiritualizaba mis justificaciones, algo así como «Cuando Dios quiera se dará» (tú sabes cómo funcionan esas frases cristianas *excusoides* —otra palabra inventada más a mi colección—). Mientras ponía mil pretextos, el tiempo pasaba y no se hacía nada. Transcurría un año, yo me sentía culpable y la oportunidad pasaba de largo. ¿Te ha pasado también que postergas algo en tu vida? Arreglar el cuarto de la casa que se ha convertido en bodega, o el closet que no has abierto en meses y tienes miedo de encontrar un zoológico o un ecosistema desconocido, quizás hacer la declaración de tus impuestos e incluso puede ser hacer un viaje que has estado planeando por años.

Esa es exactamente la actitud que tenía el sacerdote Elí. Dios le había advertido varias veces que arreglara los asuntos con su familia, que corrigiera a sus hijos, pero él siguió postergando obedecer las instrucciones de Dios. Sus hijos eran sacerdotes junto con él, pero eran corruptos y tomaban ventaja del pueblo de Dios en nombre de Dios. Tanto postergó Elí su responsabilidad que Dios lo removió a él y a sus hijos del cargo. En contraste, Samuel, el profeta que era niño, era pronto para responder y obedecer, y Dios lo levantó al lugar de Elí. El diligente es promovido, mientras el que posterga pierde lo que tiene.

¿Ves lo que acabo de hacer en los dos párrafos anteriores? Usé una historia personal acerca de escribir este libro (ya que gracias a la presión amigable de Lucas Leys, de mi esposa y de amigos cercanos, por fin me animé a escribir) y conecté la historia con un problema que muchos en la audiencia pueden tener; luego lo uní con la explicación de un pasaje e historia bíblicos. En mi experiencia, empezar con una historia, anécdota o algún relato personal, de cultura, de deporte, de historia, de ciencia, etc., te ayuda a introducir la explicación del pasaje que leímos al inicio. Honestamente, requiere pensar y buscar intencionalmente esta historia. A veces se invierte mucho tiempo en encontrarla, pero en mi opinión creo que vale ciento por ciento la pena porque es aquí donde casi toda mi audiencia se interesa en lo que voy a decir (porque estoy compartiendo algo con lo que ellos pueden identificarse). Es usar una historia de común entendimiento para guiarlos a un entendimiento bíblico. Jesús hacía lo mismo con las parábolas: usaba imágenes de agricultura, por ejemplo, para dar entendimiento acerca del reino de Dios. Por eso no tengo problema con usar películas, artículos, noticias, experiencias personales, etc.; creo que, si tenemos ojos para ver, casi todo puede enseñarnos a comprender la Biblia, el evangelio y el reino de Dios.

Una de las cosas que más me anima acerca de mis predicaciones es cuando niños y jóvenes me dicen que les encanta escucharme predicar. En especial me alienta cuando mis hijos de 9, 15 y 19 años me dicen que les gustó mucho el mensaje. Luego mis papás y mis suegros, que son de otra generación, me llaman el mismo fin de semana para decirme que les gustó mucho la predicación. Esto es para mí un gran gol, porque significa que pude explicar un pasaje bíblico, una verdad, un principio del reino de Dios, una perspectiva del evangelio, una revelación de Jesús con la que jóvenes y ancianos por igual pudieron conectarse y aprender.

A QUIÉN TE DIRIGES DETERMINA QUIÉNES VAN A ESCUCHARTE

Creo que lo anterior tiene mucho que ver con la historia de introducción. Si regresas a leer la historia al inicio de este capítulo, puedes notar que hago preguntas entre la historia de introducción y la explicación de un pasaje bíblico. Esas preguntas son para conectar a las personas y sus problemas reales con el tema del pasaje y el punto principal de mi mensaje. Es una buena transición entre tu historia y la explicación del texto bíblico preguntar si algo así les ha pasado a ellos y dar ejemplos que aplican a estudiantes, profesionales, padres de familia, empresarios, jubilados y a todos los que puedas. Así convences a la gran mayoría de poner atención a lo que estás a punto de enseñar.

Esos primeros minutos son cruciales para cualquier predicación porque, en esencia, lo que estás haciendo es construir un *marco conversacional.* Un marco conversacional encapsula todas las suposiciones no dichas que le dan contexto a cualquier interacción. El marco con el cual comienzas una conversación da significado a las palabras que dices y dicta las reglas de dicha conversación.

En el contexto de una predicación, si subes como Andrés dice y hablas de tu equipo de fútbol favorito estableces que eres accesible, pero puedes comenzar esa predicación de manera muy seria o urgente; también puedes comenzar más reverente o involucrando a la audiencia con una pregunta. En lo personal, a mí me gusta desorientar a la audiencia con un poco más de misterio y entrar con alguna historia o frase no común. Dicho esto, tú puedes comenzar como sea, pero considera que si no reconoces la importancia de tu introducción y no tienes un plan, pones en peligro el resto de la predicación.

Jesiah

Es sumamente importante hacer hincapié en la necesidad de dar ejemplos amplios para conectar con todos los que puedas al inicio de tu mensaje. Hace años, un amigo predicador me contó una historia: me dijo que cuando empezó a pastorear, notaba que solo había mujeres en su congregación, y le preguntó a Dios por qué solo había mujeres en su iglesia. Dios le contestó: «Porque solo le predicas a mujeres. Empieza a predicar a hombres, y verás que hombres empezarán a llegar». Entonces empezó a predicar a hombres; dedicó todo un mes a una serie de mensajes para hombres, y lo hizo en fe. Lo anunció, y ese mes su iglesia pasó de tener solo 10 % a un 50 % de hombres. Increíble. Este pastor se llama David Ireland, y es de Nueva Jersey. Me comenta que, de la misma manera, empezó a hablar a políticos, deportistas, a todo tipo de personas —aun cuando no los veía en su audiencia—, y que Dios fue trayéndolos porque hablaba asuntos que eran relevantes para ellos.

En otras palabras, a quién te diriges determina quiénes van a escucharte; por eso, siempre inicio con una historia de introducción y trato de dar ejemplos al inicio de mi mensaje que puedan conectar con un grupo amplio de personas que me escuchan y a quienes Dios me ha llamado a servir y enseñar, y procuro estar alerta a experiencias personales, a sucesos culturales, a cosas que veo en la televisión o a mi alrededor, que me ayudan a explicar la más bella de las historias: la de Jesucristo, el Mesías.

Al preparar un mensaje, en donde paso más tiempo es en la introducción. Si lo pensamos detenidamente, los oyentes nos están regalando su *tiempo* —el único recurso que no podemos recuperar—, y es en los primeros cinco a siete minutos cuando captamos su atención o la perdemos. En un mundo de tanta distracción tenemos que empezar nuestros mensajes de una manera atractiva. La introducción nos ayuda a poner a una audiencia diversa en un terreno común. Jesús lo hizo en Lucas 15. Ante una multitud tan diversa, inicia su mensaje hablando de pérdida: «Un hombre tenía cien ovejas, y una se perdió». De pronto, esta multitud tan variada estaba en un mismo sentir. ¿Quién no ha sufrido pérdidas? Brillante.

Esteban

Y tú, ¿usas historias para introducir tu mensaje? ¿Cómo conectas con la audiencia a quien Dios te ha llamado a servir? ¿Estás alerta a lo que sucede en tu vida y en el mundo, para usarlo como una plataforma para predicar el evangelio?

4 - Explicación del pasaje

Aquí es donde notamos que todas esas horas de estudio valen la pena. Una de las cosas más difíciles al explicar un pasaje es que este tiene tantos ángulos y tantas perspectivas que puedes perderte explicándolo (es como ese cuadro de Tintoretto que mencioné antes), entonces la clave es editar tu material para explicar lo necesario, de modo que esto te ayude a arribar al punto principal del mensaje y no perder tiempo explicando cosas secundarias, superfluas o irrelevantes para la idea principal.

Primero explico el contexto del pasaje: doy información de los personajes involucrados, quién lo escribe y a quién le escribe, cuál es el momento en la historia, cuáles son los pensamientos culturales del momento; luego, explico cronológicamente los sucesos del pasaje. Tengo algunas excepciones: cuando uso otro mapa para predicar (eso quedará para otro libro), no siempre doy tanta información acerca del pasaje, a veces predico en el estilo textual —que vimos hace unos capítulos—, pero cuando estoy predicando *expositópicamente* (mi estilo) entonces sí explico, parte por parte, lo que está sucediendo en el pasaje. Incluso voy dando algunas «pepitas de oro», algunos pensamientos que son puntos secundarios, que ilustran o amplían el entendimiento del pasaje y del carácter de Jesús en ese pasaje, y así voy construyendo mi mensaje.

La idea es construir el mensaje para que cuando lleguemos al punto principal, la reacción sea un «¡Ajá!», «¡Guau!», «¡Nunca lo había visto así!», «¡Es cierto!», y para esto casi siempre uso algo de tensión. Dedico todo un capítulo a la tensión más adelante, pero te adelanto que la tensión es algo que uso en diferentes partes de mi mensaje. Al explicar el pasaje bíblico la tensión consiste en las preguntas que alguien haría a esa parte de tu explicación, o las dificultades que yo mismo tuve con esos versículos al estudiar el texto bíblico. Por ejemplo, al leer: «Si tu ojo te causa pecar, sácatelo», al estar enseñando ese pasaje, yo mismo diré algo como: «¿Es en serio? He pecado varias veces con mis ojos, pero no me los he sacado. ¿Realmente quieres que me saque el ojo?». Es decir, usaré preguntas que yo me mismo hago, o que la audiencia puede estar haciéndole al pasaje o a la explicación que estoy dando.

Explicar el pasaje tiene como finalidad precisamente *arribar* al punto principal. Yo dedico aproximadamente un 40% de mi tiempo a explicar el pasaje; hago preguntas, doy el contexto y lo relaciono con problemas reales de nuestro tiempo. Si el punto principal está solucionando un problema humano, entonces tengo que relacionar el problema de los oyentes de ese tiempo con los problemas que tenemos

AL EXPLICAR EL PASAJE BÍBLICO LA TENSIÓN CONSISTE EN LAS PREGUNTAS QUE ALGUIEN HARÍA A ESA PARTE DE TU EXPLICACIÓN

hoy, para que cuando exponga el punto principal encuentre una respuesta al problema de los que están escuchándome.

Los problemas de las personas son multifacéticos: los hay existenciales, emocionales, familiares, financieros, de identidad, de adicciones, de rencor, además de culpabilidad, hábitos destructivos, enojo, insatisfacción, etc.; todos ellos son resultado del pecado. Entonces, cuando estoy explicando un pasaje procuro conectarlo con un problema real de la audiencia.

Hasta aquí entendemos que explicar el pasaje es dar información del contexto, términos, historia, personajes, etc., pero también es hablar de los problemas que el pasaje está tratando de confrontar y resolver.

Otro aspecto que también es importante para mí cuando estoy en la explicación de un pasaje es «meterme en la historia», me gusta explicar detalles que pueden pasar desapercibidos —un comentario, una actitud— o bien interpretar esos detalles y cómo se verían si eso sucediera en nuestros días. Por ejemplo, una vez prediqué de cuando David entró en Jerusalén danzando y sin camisa; estaba tan consumido con la adoración a Dios, que parecía un loco bailando en la calle. Su esposa, Mical, lo observaba por la ventana, y cuando David llega a la casa, ella le dice (sarcásticamente): «Qué digno se veía el rey danzando con las doncellas». De inmediato lo relacioné con las telenovelas mexicanas; hice una actuación de la esposa indignada regañando al esposo por el ridículo que hizo en la fiesta de quince años de la ahijada (realmente fue muy gracioso, y además me ayudó a explicar el drama que le hizo Mical a David). Obviamente, mi punto principal hablaba de que nuestra adoración es más importante que nuestra reputación, pero expliqué el pasaje con la ayuda de una telenovela mexicana. Todos los que alguna vez han visto una entendieron perfectamente el desprecio que Mical le tuvo a David; me metí en la historia y así todos pudieron identificarse con lo que les estaba enseñando.

Usar las palabras clave del pasaje es otro elemento que me ayuda a explicarlo, ya que son las nos permiten entender el mensaje que contiene. Algunas de estas palabras tienen que ser explicadas porque no tienen la traducción más adecuada (por eso es bueno revisar diccionarios y comentarios). Por otro lado, me gusta que algunas traducciones modernas de la Biblia te dan las medidas en litros o en cantidades de dinero y no en talentos, por ejemplo; esto te ahorra tiempo de explicar un concepto o una palabra que en nuestra generación ya no es usada (aunque de todos modos también las explico).

Y bueno, explicar el pasaje es contar una historia; vas progresando en la trama, en los detalles, los problemas, las descripciones, hasta llegar a la conclusión. Si te gustan las películas puedes pensar en algunas que tengan una moraleja, o puedes identificar relatos que tienen una enseñanza. Así es la dinámica de explicar un pasaje: tienes que ir develándolo, con detalles, problemas y descripciones, hasta llegar a la moraleja o punto principal para que, cuando lo hagas, la reacción sea un «¡Ajá!», «¡Guau!», «¡Ya entendí!», «¡Con razón!», «¡Así es!», etc.

¿Cuándo fue la última vez que escuchaste a un predicador o maestro explicar un pasaje en la Biblia y captó tu atención? Necesitas regresar a escucharlo y ver cómo hace para explicar ese pasaje o versículo bíblico. Te ayudará a entender un poco más este capítulo.

Y ahora, el punto principal.

5 - Idea principal

Es la base de la predicación que estás compartiendo. Como lo expliqué antes, la idea principal es el fundamento sobre el cual se construye todo el mensaje.

¿Alguna vez has visto una película y al final te preguntas de qué se trató? O sea, te dejó «volando», sin una conclusión. Así es una predicación sin una idea principal. En general a mí me gusta todo tipo de predicaciónes, entonces aun cuando un maestro de la Biblia da un montón de información y no me da un punto principal, yo estoy alucinado: tomo mil notas, me clavo en los detalles, etc.; pero al hablar con amigos y familiares que escucharon la misma prédica, me doy cuenta de que muchos no pudieron distinguir el punto principal y, en consecuencia, no pudieron conectarse con la enseñanza, porque no supieron de qué se trató.

Yo formulo el punto principal haciéndome la siguiente pregunta: **¿Qué quiero que sepan?**

El punto principal debe ser claro y memorable. Es muy diferente ser un maestro de universidad a ser un predicador: los alumnos en la universidad tienen que asistir a clases y retener la información, pero nadie *tiene* que escuchar a un predicador, y menos retener la información que comparte. Por eso es tan importante hacer de tu punto principal algo impactante, y que la gran mayoría pueda entender de qué trató la enseñanza. Yo llamo a esto una *frase twiteable*: es una frase que es notable e inolvidable, y que por lo tanto podrías —y querrías– publicar en tus redes sociales.

Yo pienso en mis hijos. Si algo va a quedarles de todo lo que enseñé en este mensaje, ¿qué es lo que quisiera que recuerden? Si alguien va a compartir con sus amigos lo que aprendió en la iglesia, ¿qué quiero que sea? Si van a conversar en la mesa durante la comida después de la iglesia, ¿de qué me gustaría que hablaran? Por eso invierto tanto tiempo en crear una frase destacada para describir mi punto principal. En otras palabras, pienso que el punto principal es tan importante que debe ser expresado de una manera que pueda ser memorizado sin mucho esfuerzo.

En una predicación reciente, mi punto principal fue «Si yo hago lo que *sí* puedo, Dios hará lo que yo *no* puedo». Hay muchos mensajes y puntos principales increíbles que son predicados a cada minuto en todas partes del mundo, pero los que permanecerán serán aquellos que sean impactantes.

Cuando estoy por compartir mi punto principal, casi siempre digo: «Esto es lo que quiero que anotes», «Si vas a olvidar todo lo que te dije, solo recuerda esto» o «Esto es lo que puedes *twitear* o *instagramear*», es decir, les aviso de antemano que lo que estoy a punto de decir es importante, que es algo que necesitan anotar y recordar.

¿ALGUNA VEZ HAS VISTO UNA PELÍCULA Y AL FINAL TE PREGUNTAS DE QUÉ SE TRATÓ? ASÍ ES UNA PREDICACIÓN SIN UNA IDEA PRINCIPAL

Mucho de mi estudio al preparar un mensaje tiene que ver con discernir el punto o idea principal del pasaje que estoy estudiando, y que es algo que quiero que mi audiencia recuerde. También entiendo que vivimos en un mundo en el que, si una verdad no está expresada de una manera que pueda ser memorizada o compartida con amigos, entonces es una verdad olvidada, y por eso creo que es tan importante tener un punto principal y elaborar una frase memorable para declararla al mundo.

> **Una predicación no está lista para ser compartida si no puede resumirse la idea principal en una sola frase; 140 caracteres (el número de caracteres que antes permitía un twit) son suficientes. Al escuchar una predicación siempre estoy pendiente de esa idea principal, alerta a escuchar ese concepto. «La audiencia para quien vivimos determina cómo vivimos». Esta frase se la escuché al pastor Andrés tiempo atrás, y aún la recuerdo. Hay poder en una frase bien pensada; no se hace para ganar impulso en las redes sociales, se hace para impulsar el mensaje eterno de la mejor manera.**
>
> **Esteban**

- ¿Cuáles son algunas de las frases de libros, películas o mensajes que se han quedado en tu memoria? ¿Por qué las has recordado?

- ¿Qué tipo de frases son las que compartes en tus redes sociales? ¿Por qué escoges esas frases?

- ¿Crees que vale la pena invertir tiempo en decir algo importante de una manera memorable?

6 - Tensión

Una vez, conversando con el pastor Cash Luna (iglesia *Casa de Dios*, Guatemala), le pregunté cómo hacía para que sus mensajes conectaran con las personas. Me respondió que cuando tiene un mensaje, lo que hace es encontrar los argumentos que las personas podrían tener para rechazarlo; luego integra esos argumentos o preguntas a su mensaje y contesta los argumentos que las personas podrían tener. Si escuchas con atención a buenos predicadores o comunicadores siempre te plantearán un problema, una solución y argumentos a la solución, e insistirán nuevamente en la solución una vez que hayan contestado los argumentos.

Podríamos decir que la tensión es el obstáculo mental, emocional, cultural o de experiencia personal que podría bloquear a alguien para creer o aceptar la verdad que estás compartiendo con él. Como ejemplo podríamos pensar en alguien que quiere venderte vitaminas *premium*: te explica la necesidad de tomar vitaminas y todos los beneficios que estas representan para tu salud y bienestar, y al mismo tiempo sabe bien que vas a tener muchos obstáculos. Uno de ellos es el precio: «¿Por qué comprárselas a él y pagar tres veces más de lo que cuesta comprarlas en el supermercado?». Este es un argumento, y esa es precisamente la tensión. Un buen vendedor te dirá que sabe que el precio es alto y que parece imposible costearlo, pero que lo que estás adquiriendo, más allá de un producto, es una mejor calidad de vida; te dirá también que con su programa de financiamiento puedes lograrlo cómodamente, y te ofrecerá asesoría para mejorar tu presupuesto personal de modo que ahorres lo suficiente para pagar las vitaminas y que aun te sobre. Si el vendedor no conoce los argumentos y la tensión nunca venderá nada; por su parte, si un comunicador o predicador no conoce los argumentos de su audiencia, pero explica los obstáculos para aceptar la verdad que está comunicando además de dar las soluciones a ese obstáculo, entonces nunca podrá lograr su objetivo de llevar a las personas a la fe en Jesús.

Me parece que este es un principio muy valioso en la predicación. Veo la tensión en los predicadores de la Biblia también; Jesús la usó a menudo: «Y ustedes, ¿quién dicen que soy?», «¿De quién es el rostro en la moneda?», «Si ustedes me dicen de dónde recibió Juan el Bautista su autoridad, yo les digo de dónde vengo» y siguen los ejemplos. Contestaba sus argumentos con preguntas, como cuando permitió que la mujer adúltera le lavara los pies en casa de Simón el fariseo. Este fue un enorme momento de tensión. Simón pensó: «Si fuera el Hijo de Dios, sabría quién es la persona que le lava los pies», y Jesús usó ese argumento para hablar del amor y del perdón. Brillante.

Quizás notaste, aquí en el libro, que después del capítulo en el que explico la necesidad de usar un mapa escribí un capítulo exclusivamente para contestar los argumentos que muchos podrían tener para rehusarse a usar un mapa de predicación. Ahora, yo no «fabriqué» esas ideas ni inventé los argumentos; yo no produje esa tensión, solamente la reconocí y la plasmé en el libro. Lo mismo sucede en la predicación: tú no produces la tensión, sino que la reconoces y la contestas.

ALGO QUE SE ENCUENTRA EN EL ADN DE LA HUMANIDAD CAÍDA SON LOS ARGUMENTOS EN CONTRA DE DIOS

No reconocer la tensión en tu pasaje central y en la idea o punto principal del mensaje es decidir no conectarte con la humanidad de tu audiencia y de ti mismo. Algo que se encuentra en el ADN de la humanidad caída son los argumentos en contra de Dios. Satanás usó un argumento para convencer a Eva: «¿Y fue eso lo que dijo Dios?», «Quizás Dios no quiere que ustedes sepan lo que él sabe», «Dios no es bueno». Ese es, en esencia, el mensaje del diablo. Dios dio una instrucción, y el diablo creó un argumento para que la humanidad rechazara la sabiduría de Dios; la predicación, entonces, es guerra espiritual, ya que estamos proclamando verdades que pelean en contra de los argumentos humanos.

¿Cómo encontrar la tensión? Sugiero tres maneras:

Argumentos hacia el pasaje bíblico

- ¿Hay algo en el pasaje mismo que me cuesta trabajo creer o aplicar en mi propia vida?
- ¿Hay otro pasaje en la Biblia que parece contradecir a este pasaje?
- ¿Existe algo en el pasaje que es muy diferente a nuestra cultura hoy?

• Cuando leí por primera vez este pasaje, ¿qué fue lo que no me gustó o me intrigó?
• ¿Dónde o cómo puedo ver a Jesús en este pasaje?

Esta última pregunta es sumamente importante. A algunas de las grandes tensiones y sus respectivas respuestas las encontramos al enfocarnos en Jesús y en cómo es que ese pasaje habla de él. Hay otras preguntas que tú puedes plantear, la idea es tener el compromiso de encontrar la tensión.

1- Posibles argumentos externos hacia el punto principal

• ¿Qué argumentos podría tener alguien con respecto a este punto? ¿Qué pensarán los solteros, casados, hombres, mujeres, profesionales, cristianos de muchos años, nuevos cristianos, personas en pobreza, ricos, etc.?
• ¿Qué ideas culturales o del pensamiento social prevalente están directamente en contra de este punto principal?

• ¿Hay alguna canción, película, serie, frase, dicho, etc., que se oponga a este punto principal?

2- Argumentos internos: mi historia

• ¿Hay algo en mi vida que no se alinea a este punto principal?
¿Hay algo con lo que, en el pasado, Dios tuvo que confrontarme con respecto a este tema?
• ¿Existe algún concepto que he creído por mucho tiempo, que esté en contra de esta verdad?
• ¿Qué es lo que más trabajo me cuesta para aplicar este principio en mi vida?
• ¿Qué inseguridad, temor o experiencia ha distorsionado mi concepto de Dios y está causándome dificultad para creer esta verdad?

- ¿Hay alguna predicación que di en el pasado que es diferente ahora a esto que Dios está mostrándome?

Vale la pena explicar que, aunque idealmente la tensión se expresa en esta parte del mapa, hay veces en que la abordo mientras explico el pasaje, voy exponiendo las tensiones que encuentro en el proceso y mi punto principal es la contestación a esas tensiones. En otras ocasiones presento la tensión en mi introducción —porque estoy creando conciencia acerca de un problema en nuestras vidas o en nuestro pensamiento— y vinculo ese problema a las soluciones que se encuentran en la palabra de Dios. También a veces muestro la tensión en mis puntos de aplicación (que

JESÚS, NUESTRO MESÍAS, ES LA RESPUESTA DE DIOS AL ARGUMENTO DE LA HUMANIDAD

veremos en un momento), y a veces recurro a la tensión en múltiples momentos: en la introducción, la explicación del pasaje, en este momento del mapa, después de mi punto principal y en los puntos de aplicación.

Para concluir con este tema, me gustaría recordarte que Jesús, nuestro Mesías, es la respuesta de Dios al argumento de la humanidad. Él contestó la acusación antigua acerca de la bondad de Dios, y lo hizo dando su vida en nuestro lugar. Jesús no le huyó al argumento humano, lo contestó con amor.

No evites la tensión; reconócela, contéstala y haz que todo apunte a Jesús.

Yo soy muy cínico por naturaleza, así que cuando desarrollo una predicación suelo imaginarme a mí mismo en la audiencia, frunciendo el ceño y haciendo alguna pregunta sarcásticamente. A decir verdad, es la parte más desagradable de preparar una predicación, ya que me recuerda mis deficiencias y escepticismo; sin embargo, es una de esas fallas de carácter que Dios me ha ayudado a redimir y a usar para bien.

Esta sería mi palabra de ánimo para todo cínico leyendo este libro: usa ese cinismo para cuestionar mejor tus propias creencias y refinarlas con el fuego de tu incredulidad. Esas dudas y escepticismo podrán llevarte a encontrar comida sólida y compartirla con aquellos hambrientos por respuestas. No pases por alto la importancia de lo que está dándote Andrés en esta sección del libro, ya que eso te hará mejor predicador. Luchar con esas dudas te refinará como no te lo imaginas.

Jesiah

7 - Remate

A esta palabra la tomé de mi amigo Jesiah Hansen. Él dice que lo ayudó mucho cuando le expliqué el tema de la tensión, y que usar esa tensión llevó su predicación a un nuevo nivel. Ahora dice que después de la tensión hace un remate (puedes escucharlo en detalle en uno de sus *podcasts* de *Armadillo*).

Un *remate* es acabar con algo. El diccionario lo explica como el final de algo: una frase que remató un discurso, un futbolista que remató el balón y anotó el gol, un torero que remató al toro (no sé por qué usé este último ejemplo —¡qué drástico!— pero puedes darte una idea de lo que el término significa). En el marco de la predicación es retomar tu punto principal, de forma que conteste la tensión que acabas de reconocer y expresar. Es cerrar el argumento con un remate.

> **Remate** es también el término que usan los comediantes para la frase al final de un chiste con la que logran que su audiencia estalle de risa. Si le prestaras atención a cualquier chiste que te ha hecho reír, verías que todo se trata del manejo del tiempo. Como predicadores, a lo mejor no estamos buscando que nuestro remate cree la sensación de risa, más bien queremos que con él los oyentes tengan ese momento de revelación. No regales tu remate antes de tiempo: guárdalo para el momento indicado, para que pegue con el máximo impacto.
>
> **Jesiah**

Claro que siempre va a haber personas que sigan argumentando o rechazando tu mensaje, y está bien. No puedes contestar o resolver toda la tensión que surja en contra de tu mensaje, pero sí la suficiente como para ser honesto con tu audiencia y contigo mismo acerca de las dificultades que hay para creerlo o aplicarlo. Además, ampliar, aclarar o enfatizar tu punto principal después de una tensión enriquece mucho el mensaje.

Al formular mi remate, contesto la siguiente pregunta: **¿Por qué quiero que lo sepan?**

- ¿En qué va a beneficiarlos? ¿Qué va a resolver?
- Si no aceptan el punto principal que acabo de enseñarles, ¿cuáles serían las consecuencias?
- ¿Cómo puede enriquecer sus vidas si tan solo dejan a un lado su propio argumento y aceptan esta verdad?

Algunos elementos que pueden ayudarte a crear un buen remate puedes encontrarlos en la Biblia misma. Por ejemplo, la respuesta que le da Pablo al rey Agripa (Hechos 26:27-29), donde Agripa le dice: «¿Quieres convencerme de ser cristiano?» (ese era su argumento, «estás tratando de convertirme»), y Pablo contesta —o remata— diciendo: «Quisiera que no solo usted, pero todos aquí fuesen como yo, excepto estas cadenas». Pablo está diciendo que él es tan libre en su espíritu, que le gustaría que todos experimentaran esa libertad. En otras palabras, dice: «Si fueran como yo, tendrían una mejor vida».

¿Otro ejemplo? Jesús, cuando se le preguntó si había que dar diezmo o pagar impuestos. Él pregunta de quién es la cara en la moneda, y la gente le contesta que es del César. En ese momento se creó la tensión, y luego él remató: «Den a César lo que es de César y a Dios lo que es de Dios». Aquí Jesús está diciendo que hay que honrar a la autoridad celestial y a las autoridades terrenales. Para todo judío en esa época, el beneficio de la honra era algo implícito: la honra trae bendición. El remate contesta la tensión y habla de por qué necesitamos creer la verdad expuesta.

También puede ayudarte escuchar a otros comunicadores. Además de predicadores, hay muy buenos remates en los discursos políticos, por ejemplo; no me gusta cómo se abusa de la política, pero algunos escritores de discursos son verdaderamente brillantes. Hay grandes remates también en los buenos libros, y constantemente notarás esta dinámica de tensiones y remates; de hecho, una vez que la identifiques, la verás en todos lados.

¿Recuerdas que te dije que algo que hago es usar las expresiones: «En mi opinión», «Muchas veces», «Quizás Dios...»? Frecuentemente es aquí, en el remate, donde uso esas expresiones. Lo hago así porque me gusta rematar con humildad, dando permiso a las personas para que sigan pensando y meditando ellas mismas lo que significa esto en sus vidas; que lleguen a sus propias conclusiones y convicciones.

De hecho, creo tanto en el poder de tener nuestras propias convicciones que aun cuando hablo con mis hijos acerca de conceptos, verdades, doctrina o teología, al final les digo: «Tú tienes que llegar a tu propia conclusión», «Esto es lo que yo creo, y es lo que aprendo de la Biblia, pero ¿qué piensas tú?». Lo increíble es que son más abiertos a creer lo correcto cuando se les da el permiso de pensar. Cuando imponemos algo parece que son más rápidos para rechazarlo, pero si lo presentamos de una manera tal que ellos puedan pensarlo, es más probable que lleguen a las convicciones correctas. Dicho lo anterior, muy a menudo en mi remate uso un versículo bíblico. Porque, ¿qué mejor remate existe que la misma palabra de Dios? ¡*Mic drop!*[1]

* ¿Qué hay de tu propia predicación?
* ¿Usas remates con frecuencia? ¿Identificas un remate en la predicación de alguien más?
* ¿Cuál remate escuchaste recientemente que se te quedó en la mente?
* ¿Rematas con humildad o con imposición?

8 - Aplicación

Una vez, después de predicar un mensaje que yo pensé que había sido una obra maestra, hubo personas que lloraron, otras que comentaron cómo Dios les había hablado, unas más que publicaron las frases clave en *Twitter* (claro que no debemos predicar para eso, pero a todos los comunicadores nos gusta saber que el mensaje fue escuchado y bien recibido), y yo me sentía muy satisfecho con mi mensaje, hasta que un amigo cercano y miembro de la iglesia publicó en la misma red social (sin hacer referencia directa a mi mensaje, pero era obvio que sí era sobre él porque acababa de verlo sentado en la segunda fila del auditorio): «Sí, increíble la teoría, pero no sé cómo aplicarlo a mi vida» (estoy parafraseando, pero su comentario fue algo por el estilo).

Se me fue todo sentimiento de satisfacción. En un inicio me molestó, porque se me hacía una crítica negativa. Yo me justificaba, diciendo y respondiendo en mi mente a su comentario: «Pero ¿por qué no te conectaste con el Espíritu durante el mensaje, para que Dios cambie tu corazón cerrado?», o sea, yo mismo estaba contestando con una crítica. Nunca le contesté el *tuit*,

---

1 Mic drop: literalmente, en español: «soltar el micrófono». Consiste en el gesto de dejar caer el micrófono al final de un discurso en señal de rotunda victoria, ante la cual no puede haber réplica o respuesta.

solo me amargué unos días, pero para el siguiente fin de semana esas palabras me perseguían mientras preparaba mi mensaje: «¿Y cómo puedo aplicarlo a mi vida?».

Justo aquí es donde predicar es diferente a enseñar. El predicador enseña, pero también debe llamar a la acción. Pide una respuesta a sus oyentes, quiere ver decisiones, y para eso se requiere la aplicación.

Yo formulo mi aplicación haciendo la siguiente pregunta: **¿Qué quiero que hagan?**

- En base a lo que les he enseñado, ¿qué estoy pidiéndoles que hagan?
- ¿Qué verdad quiero que crean? ¿Qué pensamiento quiero que cambien?
- ¿Qué decisión quiero que tomen esta semana?
- ¿Qué nuevo hábito quiero que comiencen?
- ¿Qué lenguaje quiero que usen?
- ¿Cómo pueden imitar a Jesús en esta área de su vida?

Algunos predicadores usan solo un punto de aplicación y le encuentran diferentes ejemplos para diferentes tipos de personas, pero es solo un punto de aplicación. Otros predicadores, como yo, generalmente usamos tres puntos de aplicación (a veces uso menos, a veces más, pero casi siempre son tres). Lo más importante es ser claro en la aplicación. También he visto que es bueno tomar por lo menos 30% del mensaje en la aplicación; mi meta personal es que sea 40% o 50% aplicación.

La aplicación es donde el verbo se hace carne. Dios habló muchas veces a la humanidad: «Los amo, son mis hijos, regresen a casa», pero luego lo demostró.

Jesús se vistió de carne, vivió entre nosotros, murió por nosotros, resucitó y ascendió al trono de Dios; así aplicó Dios su amor eterno en la relación con la humanidad.

Casi todas las epístolas tienen un elemento de teología (el estudio de Dios), de cristología (el estudio de la persona de Jesús) y de *eclesiología* (el estudio de la iglesia), así como definiciones de justicia, gracia, pecado, cultura y muchas cosas más. Pero, además de conceptos, doctrinas y palabras, las epístolas y los mensajes de Jesús en los Evangelios contienen un gran porcentaje de aplicación para poder responder las preguntas «¿Cómo debemos vivir?» y «Ahora que sabemos esto acerca de Cristo Jesús, ¿cómo lo aplicamos a nuestras vidas?».

Efesios nos enseña a los hombres casados a amar a nuestras esposas como Cristo amó a la iglesia y de la misma manera en que cuidamos nuestro propio cuerpo. Colosenses enseña a los trabajadores a trabajar con excelencia, como para el Señor y no para la gente, y a los dueños de empresas a tratar con dignidad a sus empleados. Filipenses nos enseña a hacer todo sin quejarnos. ¡Y qué decir de las enseñanzas de Juan el Bautista! «Si tienes dos túnicas (o chamarras, o chaquetas), regala una», «Si eres policía, no cometas extorsión», y esto es el Nuevo Testamento, no el Antiguo Testamento.

Alguien podrá decir: «Pero si les damos una aplicación, ¿no es eso volver a la ley?», «La salvación es por gracia y no por obras. ¿Por qué vamos a enseñar aplicación?». Más adelante voy a enseñar acerca del *tono de gracia,* que tiene mucho que ver con cómo enseñamos las verdades y las aplicaciones, pero lo que es importante recalcar ahora es que hay una gran diferencia entre *aplicación y reglamentación.*

Sigues reglas para ser aceptado por una comunidad, familia o sociedad, para «estar dentro». Si rompes las reglas, eres castigado y excluido de cierta forma de esa misma comunidad. En contraste, la aplicación de una verdad bíblica bajo la gracia es hacer algo en respuesta a lo que Dios ya hizo; es un acto de agradecimiento a Dios, quien ya me amó, me aceptó y me salvó. Ya estoy dentro. No estoy aplicando su palabra para entrar, la aplico porque ya estoy dentro y entiendo que esto es lo que más me conviene. Aplicación es amar a Dios porque él ya me amó primero; seguir una regla o ley es tratar de comprar el amor a Dios. Las motivaciones son muy diferentes.

En Juan 14:21, Jesucristo dijo que los que lo aman obedecen sus mandamientos. Ese es el espíritu detrás de la aplicación: amar a Dios con todas nuestras fuerzas y experimentar la vida que él desea para nosotros al creerle y obedecerlo. Jesús, en el huerto de Getsemaní, le dijo a su Padre: «Padre, si quieres, no me hagas beber este trago amargo. Pero que no se haga lo que yo quiero, sino lo que tú quieres» (Lucas 22:42), o sea, amó a Dios con sus acciones y su obediencia.

Hebreos 12:2 dice que Jesús sufrió la cruz por el gozo que tenía puesto delante de él. Obedeció a Dios por amor a Dios, pero también por el gozo de ver el resultado de su sacrificio: la bendición de rescatar a millones y millones de seres humanos, para ser parte de su familia. Jesús no obedeció para ser Hijo de Dios, obedeció porque amaba a su Padre Dios y porque quería ver la recompensa que su Padre le había prometido.

Yo creo esto: que la recompensa de la salvación viene por fe en Jesús, pero la recompensa de una vida justa, próspera, alegre y sana viene por obediencia y amor a Jesús. Eres salvo por gracia porque Jesús te lo regala, y eres recompensado por gracia porque Jesús te regala el querer como el hacer. Todo es gracia, solo que no hemos entendido que el querer obedecer y el ser obedientes también es un regalo de la gracia de Dios, porque querer y hacer nos llevan a disfrutar las promesas de Dios.

Para resumir, la ley se enfoca en evitar el castigo por desobedecer, mientras que la aplicación en fe y gracia se enfoca en honrar el amor que ya he recibido y todo lo bueno que Dios quiere para mí. Cuando pienso en esto, pienso en mis hijos. Cuando nacieron Jared y Lucas y cuando adoptamos a Sofía ellos recibieron automáticamente el apellido Spyker; no tuvieron que ganárselo, lo recibieron. Eso es salvación, eso es redención. Recibimos la adopción de parte de nuestro Padre celestial. Nuestro apellido es *hija de Dios* e *hijo de Dios*.

En el caso de mis hijos, ellos ya son Spyker, pero ahora tengo que enseñarles a vivir como lo hace un Spyker. Los Spyker reímos mucho, amamos y abrazamos mucho, honramos y no criticamos, celebramos las cosas pequeñas, creemos en Jesús y lo seguimos, y somos imperfectos, pero buscamos la excelencia, decimos *por favor y gracias,* trabajamos duro, disfrutamos de la comida, somos generosos, servimos a la iglesia y amamos a Dios por encima de todo. Vivir así tiene muchas recompensas y beneficios, y puede llevarte lejos en la vida y en el reino de Dios. Si mis hijos deciden no vivir así, está bien; siguen siendo Spyker y siguen teniendo mi amor incondicional, pero no van a disfrutar del legado y favor que los Spyker han disfrutado por décadas. Una cosa es tener el apellido de Dios, otra es disfrutar la vida que tu Padre ha puesto delante de ti.

El Salmo 23:5 dice: «Preparas un banquete para mí en presencia de mis enemigos», y creo que así es la salvación, donde estás en la casa del Padre y él te prepara un banquete. Todo es gracia, pero es tu decisión si vas a disfrutar de ese banquete o distraerte con los enemigos que te rodean. Aplicación es comer el banquete que Dios ha preparado para ti.

¿Observaste cómo usé la tensión en este capítulo? ¿Y cómo luego rematé?

Regresando a mis tres puntos de aplicación: no uso tres puntos porque creo que es más espiritual o porque creo que así debe ser una predicación, uso tres puntos por otras razones. La primera: me ayuda a ordenar mis pensamientos (así funciona mi cerebro). La segunda: en mi experiencia, a nuestra audiencia le gusta tomar notas y sentir que aprendió algo, por lo que tres puntos representan algo que es fácil de anotar y guardar como referencia para después. Y la tercera: cuando hago más puntos o menos puntos siento que pierdo mi ritmo; quizás solo soy yo, pero así me funciona.

¿Qué hago en cada punto de aplicación?

Cada punto de aplicación tiene esta estructura:

A. Palabra o frase
B. Referencia al pasaje central

C. Versículo de respaldo

D. Ejemplo o historia

La *palabra o frase* es similar al punto principal: es fácil de recordar y tiene conexión en su lenguaje con los otros puntos de aplicación.

La *referencia al pasaje central* consiste en conectar tu aplicación con algo que se dijo o hizo en el pasaje que leíste y explicaste al principio. Hay mensajes en los que a la conexión la hago más bien con el principio de mi punto principal y no con el pasaje central, y aquí es donde también puedes ver la dinámica de la predicación expositópica.

Al *versículo de respaldo* lo uso casi siempre, no siempre; a veces sí, a veces no. Lo uso cuando sé que ese punto de aplicación va a tener muchos argumentos, para dar una conexión más amplia con la enseñanza de toda la Biblia respecto a ese principio o cuando tengo el tiempo suficiente, pero casi siempre prefiero usarlo, porque enmarca de una manera perfecta lo que está enseñándose y ayuda al oyente a aprender más acerca de la Biblia.

El *ejemplo o historia*, como ya lo vimos, es crucial. Trato por lo menos de tener uno bueno en dos de los tres puntos (si puedo en los tres, mejor). A veces es algo personal, una experiencia o dificultad, o un resultado en mi propia vida y familia; a veces es de alguna persona o familia que es parte de la iglesia, y a veces es algo que vi, leí o escuché, pero también puede ser un principio de ingeniería, matemáticas o ciencia. En fin, cualquier ejemplo que pueda aclarar y motivar con respecto al punto de aplicación. ¿Por qué? Porque quieres llamar a tu audiencia a una acción. Mientras más razones le des para aplicarlo, más probabilidades hay de que tomen una decisión.

Algunas preguntas para ti:

- En tu comunicación, ¿cuánto tiempo pasas en la aplicación?
- ¿Tienes claro qué quieres que hagan? ¿Usas solo un punto de aplicación o usas más?
- ¿Qué ejemplos usas para aclarar la aplicación?

9 - Inspiración

Pablo, mi pastor, me dice que cuando empezó a predicar usaba diez versículos y una historia, y ahora, después de sesenta y cuatro años de ministerio, usa un versículo y diez historias. Bueno, sí, usa más versículos, pero en proporción sus mensajes ahora tienen muchas más historias que antes, y casi siempre termina sus mensajes con una historia que te mueve a buscar a Dios, a rendir algo en tu vida, a dar ese paso de fe, a aplicar la verdad de lo que se te está enseñando. Una vez me dijo que es así porque tienes que darles una razón lo suficientemente poderosa como para que tomen una decisión.

La inspiración se desarrolla contestando esta pregunta: ¿Por qué quiero que lo hagan?

- ¿Qué resultados verán si toman esta decisión?
- ¿De qué manera(s) será transformada su vida, su familia, su mundo, si dan este paso de fe?
- ¿Cómo mejorará su estado de ánimo?
- ¿Cómo afectará sus relaciones? ¿Cómo impactará en su eternidad?
- ¿Qué crecimiento o madurez experimentarán en su relación con Dios?

Para ser honestos, no siempre hago un buen trabajo en inspirar a los oyentes al final de mi mensaje, pero sin duda creo que un mensaje debe tener un cierre fuerte; no me refiero a que todo el mundo esté gritando o emocionado (bueno, al menos que el mensaje específico tenga ese elemento de ánimo), me refiero a culminar en una nota alta. Pienso en algunos conciertos en los que la última canción tiene un final espectacular. Los versículos finales de Apocalipsis, el último libro de la Biblia, son precisamente un gran final. No puedo pensar en una mejor manera de concluir el canon bíblico.

Ahora bien, quizás tu mensaje no empezó muy bien o tuviste problemas para arrancar y entrar en ritmo, pero haz todo lo posible por terminar bien. Algunas veces me doy cuenta de que preparé todo mi mensaje pero no preparé un final fuerte, entonces estoy predicando y me acuerdo del final, y voy buscando sabiduría de Dios para hacer un cierre fuerte. Por su gracia todo sale bien, pero he notado que cuando tomo el tiempo para preparar un buen final hay una gracia especial sobre el mensaje y su impacto en los oyentes. Por otro lado, siempre estoy alerta a la voz de Dios mientras estoy predicando —aun cuando tengo un final preparado— para ver en qué rumbo él quiere que termine. Trato de tener una sensibilidad profética durante todo el mensaje, pero especialmente al final de este.

El carácter profético del sermón: ¡me encanta esta idea! Hace que se distinga un mensaje de otro. Si has estado en una iglesia que tiene múltiples reuniones notarás que, aunque se predica el mismo mensaje, en cada reunión suena distinto y tiene una esencia distinta cada vez que se lo transmite. Eso es por el carácter profético; se percibe el ambiente y se discierne en qué dirección avanzar. Es por ello por lo que soy promotor de predicar el mismo mensaje en diferentes lugares: siempre tendrá un efecto distinto.

Esteban

Otra cosa que busco —que no siempre hago, pero me gustaría lograr más a menudo o siempre— es que la inspiración del mensaje sea la persona misma de Cristo Jesús; en otras palabras, cómo es que ese principio o verdad que acabamos de aprender tiene *todo* que ver con Jesús. En 2 Corintios 8:9, Pablo inspira a la iglesia en Corinto a ser generosa, usando el ejemplo de Jesús: «Ustedes ya conocen la gracia de nuestro Señor Jesucristo; aunque era rico, se hizo pobre por amor a ustedes, para que mediante su pobreza se enriquecieran ustedes». Unos versículos antes usa el ejemplo de la iglesia en Macedonia —que en su pobreza también fue generosa— y luego habla de la generosidad de Jesús.

En Filipenses 2:5-6 lo hace de nuevo: «La actitud de ustedes debe ser como la de Cristo Jesús: aunque él era igual a Dios, no consideró esa igualdad como algo a qué aferrarse», y sigue explicando cómo debe ser nuestra actitud pero, en última instancia, la inspiración para vivir así es Jesús. Al final de cuentas ese es el Evangelio: las buenas noticias del reino de Dios y del Rey Jesús. Cuando imitar a Jesús es nuestra inspiración, entonces el Espíritu Santo es nuestra fuerza. *El evangelio no es un mensaje de autosuperación,* es el mensaje del Rey Jesús y de la vida nueva, abundante, celestial y eterna a la que él nos invita y que experimentamos por la fe, al creer en él y en su Palabra.

SÉ UN INSPIRADOR, YA HAY SUFICIENTES MENSAJEROS DE MALAS NOTICIAS

Aquí mismo es donde yo también creo que el evangelio es práctico: creer en Jesús y en su Palabra es más que aceptar un concepto, es aceptar el liderazgo del Rey Jesús, y cuando estás bajo el liderazgo de alguien, tu fe en ese líder te lleva a seguir su ejemplo, su cultura y sus instrucciones. Es justo lo que dice Santiago en su epístola: la salvación es por fe, pero la fe sin obras está muerta (Santiago 2:14-26). Por eso la inspiración en un mensaje es tan importante, porque estás llamando a las personas a *vivir* y *activar su fe.*

¿Te imaginas qué sería de la iglesia si todos, o por lo menos la gran mayoría de los cristianos, siguiéramos el liderazgo de Jesús? ¿Puedes imaginar cómo serían los matrimonios si los hombres realmente amaran a sus esposas como Cristo nos amó y se entregó en la cruz por nosotros? ¿Qué impacto tendría esto en familiares, amigos, compañeros de trabajo, en la sociedad? ¿Cómo se vería una ciudad en donde todos los cristianos fueran generosos y misericordiosos con los pobres, hospedadores, ayudando al huérfano y a la viuda? ¿Cómo sería nuestra sociedad si todos tomáramos tiempo para desarrollar amistades valiosas? ¿Cómo sería tu estado de ánimo si pudieras perdonar totalmente todas las ofensas en tu contra? ¿Te imaginas cuánto tiempo extra tendrías para crear nuevas soluciones si dejaras de pensar en tus errores pasados o en las amenazas del futuro, o si solo pudieras confiar como un niño dormido en los brazos de su padre?

Lo que acabo de hacer con estas preguntas es *inspirarte*, y de eso precisamente se trata la inspiración: es pintar un cuadro de lo que *sería posible si* sigues el ejemplo de Jesús, imaginar un futuro mejor por la gracia de Jesús trabajando en ti y a través de ti. Usa historias, pon a Jesús en el centro y despierta la imaginación de fe de tu audiencia. Inspíralos.

¿Has visto esas películas en las que un general habla con su ejército antes de ir a la guerra? Todo está listo, planeado y organizado. Los soldados tienen sus instrucciones claras, pero falta la inspiración, el ánimo para pelear. El general —o el líder del batallón— les da unas últimas palabras de inspiración, y son tan fuertes que yo a veces lloro en esas escenas de la película. Hay algo especial en el ver a un líder inspirar a un ejército a dar sus vidas para luchar por la libertad. Siempre me conmueve cómo estos soldados jóvenes entregan todo por sus familias, su ciudad, su nación.

Jesús, además de pedirnos que lo sigamos y llevemos nuestra cruz, también nos inspiró, y lo hizo con ejemplos de la vida diaria, pero sobre todo con su propio ejemplo.

Es verdad que si un grano de trigo cae en tierra y no muere, se queda solo. Pero si muere, produce mucho fruto. El que ama su vida la pierde; en cambio, quien desprecia su vida en este mundo, la conserva para la vida eterna.
Juan 12:24-25

Todos entendemos que cuando un grano de trigo es plantado y muere, dará mucho fruto, pero si un grano de trigo se rehúsa a morir, no habrá fruto.

Y sí, hay granos así, que no mueren, que se aferran a su condición presente y se pierden de un futuro lleno de fruto. Por eso los agricultores plantan varias semillas de trigo en las zanjas que hacen en la tierra, porque no todos los granos mueren. Jesús usó ese cuadro: «¿Quieres seguir siendo solo un grano, o quieres dar mucho fruto?», es decir, se te pide morir pero se te promete resucitar. Como lo dije, en este caso no solo tenemos la ilustración del grano de trigo sino que tenemos su propio ejemplo: Jesús dio su vida, la sembró y, cuando resucitó, produjo un fruto de salvación en la humanidad, de todas las naciones y generaciones. Bueno, creo que con esto ya fue suficiente para inspirarte a que uses la inspiración en tus mensajes. Solo tengo para ti algunas preguntas más:

- ¿Con cuánta frecuencia usas una historia, la imaginación o la persona de Jesús para inspirar a tus oyentes a practicar su fe?
- ¿Has vivido algo recientemente que puedas usar para inspirarlos?
- ¿Tienes claro cómo es que la persona de Jesús ejemplifica lo que estás predicando?
- ¿Hay algún pasaje bíblico que pueda inspirar a tus oyentes a dar un paso de fe?

Sé un inspirador; ya hay suficientes mensajeros de malas noticias.

Pienso que existe una diferencia entre *motivar* e *inspirar*. Motivar siempre me ha dado la impresión de *empujar* o *convencer*; no hay nada de malo en eso, pero inspirar es hablarle a lo que ya tienes por dentro para que se despierte. La predicación encuentra su máximo potencial cuando logramos despertar lo que está dormido en las vidas de los oyentes. No te canses de inspirar, tú puedes ser el milagro de otra persona.

Esteban

10 - Llamado

Una vez, un amigo predicador me dijo: «Me gusta mucho cómo predicas, pero creo que deberías dar lugar a que las personas respondan a tu mensaje». ¿Responder a mi mensaje? ¿Qué quería decirme con esto? Quería decir que cuando hablaba del perdón los inspiraba a perdonar, pero me faltaba guiarlos a una oración para perdonar; si hablaba de servir, me faltaba guiarlos a rendir su vida a Dios en servicio e invitarlos a registrarse en el equipo de voluntarios de la iglesia; si hablaba del Espíritu Santo, me faltaba guiarlos a recibir la llenura del Espíritu de Dios.

Algunos llaman a esto *ministración*; es el conocido «llamado al altar». Antes, en las iglesias, había un gran espacio entre las sillas y la plataforma, y era común que los predicadores hicieran un llamado, donde todos los que querían responder a ese llamado salían de su lugar y pasaban al frente, es decir, al altar (se lo denominaba así porque en los tiempos de los tabernáculos y del templo en Israel, había un altar donde se sacrificaban los animales que requería la ley para ofrendarlos a Dios). Creo que después esto se hizo parte del lenguaje de la iglesia como una referencia al acto de entregar tu vida, o según fuera el caso, un área específica de tu vida a Dios. Consistía en ofrecerte a Dios, como dice el libro de Romanos:

> *Por esto, hermanos, tomando en cuenta el amor que Dios nos tiene, les ruego que cada uno de ustedes se entregue como sacrificio vivo y santo; este es el único sacrificio que a él le agrada.*
> Romanos 12:1

Los que ya llevan tiempo como cristianos recuerdan esos momentos en el altar, momentos hablando con Dios y alguien orando por ti, momentos adorando, rindiendo tu vida, poniéndote a cuentas con él. Actualmente, las iglesias han crecido tanto —y los espacios están tan limitados— que es prácticamente imposible tener un espacio para el altar, pero creo que aún debemos tener esta clase de momentos. Y es posible tenerlos si somos creativos; podemos crear espacio para que, en cada silla, las personas puedan rendirse a Dios, adorar, ponerse a cuentas con él o recibir algo del Espíritu de Dios.

Siempre pienso en dos llamados: *el llamado a responder al mensaje y el llamado a ser cristiano.* Cuando no tengo tiempo para hacer los dos, escojo hacer el llamado a ser cristiano. Lo ideal es que siempre podamos dar espacio para los dos tipos, pero simplemente no puedo dejar de hacer la invitación para que una persona ponga su fe en Jesús y reciba nueva vida en él.

Llamado a responder al mensaje

Mi intención es conectar este llamado con mi punto principal o con un punto de aplicación en el que percibí que Dios me usó mucho mientras lo predicaba, o también puede ser algo que Dios puso en mi corazón antes de predicar.

Una vez, mientras preparaba un mensaje de Juan 11 sobre la resurrección de Lázaro, Dios me puso en el corazón orar por los enfermos al final de la predicación; para mi sorpresa, tuvimos más de cien milagros visibles y comprobables en esa reunión. Esta es y puede ser, sin duda, una manera en que Dios te guía a hacer el llamado, pero también puedes desarrollarlo al hacer las preguntas: **¿Cómo pueden responder a este mensaje? ¿Qué es lo más apropiado?**

Con esto puedes pensar en qué tipo de oración sería mejor que hicieras. Quizás lo mejor sería guiarlos a ellos en una oración, o quizás sería guiarlos a adorar. No tienes que tener un don profético para hacer un buen llamado, solo necesitas fe para creer que Dios te llamó a predicar ese mensaje y para creer que Dios va a dar el querer como el hacer y que, cuando ores con ellos, Dios convertirá tu oración y esfuerzo natural en un impacto sobrenatural. Es el agua que se convierte en vino: tú solo puedes dar el agua, pero Dios puede convertirlo en algo que sana, alegra, anima, restaura y transforma las vidas.

Llamado a ser cristiano

No sé bien qué nombre darle a este llamado: llamado a la salvación, llamado a entregar la vida a Cristo, llamado a reconciliarse con Dios, llamado a recibir el perdón de pecados... Creo que el más común es el *llamado de salvación*. En este punto es cuando pides a tus oyentes que aún no han decidido seguir a Cristo Jesús como su salvador, que tomen esa decisión.

Solía pensar que uno tenía que ser evangelista para ver a personas entregar su vida a Cristo. Cuando recién empezaba a pastorear y predicar me daba mucho miedo esta parte de la reunión; me ponía nervioso y tenso, y casi no veía personas que tomaran esa decisión. Pensaba que no era mi don. Luego, venían amigos a predicar (que en mi mente tampoco eran evangelistas) y hacían el llamado a la salvación de forma muy natural, sin querer *ponerle mucha crema a sus tacos* (esta es una expresión coloquial mexicana que usamos para decir que alguien hizo algo demasiado elaborado, exagerado, superfluo o con afán de asombrar a otros), y así, de manera sencilla, veía que muchas personas respondían al llamado de salvación. Al darme cuenta de esto, me puse a orar y le pedí a Dios que me diera la convicción y la gracia para hacer este llamado, ya que no quería que alguien que se encontraba en su momento de conversión se perdiera la oportunidad de seguir a Cristo por mi falta de fe.

Me animé a hacerlo y, poco a poco, fui ganando mayor confianza en Dios y de que es a él a quien le toca convencer y a mí me corresponde dar el llamado con claridad y fe. Yo no tengo que manipular, rogar o convencer; Dios da la convicción, y yo solo tengo que ser claro, natural y valiente. He conocido a tantas personas que están ahora en los caminos de Dios y que sus vidas fueron totalmente cambiadas porque un día hicieron esta oración de salvación conmigo. No hay recompensa más grande. Ahora disfruto mucho ese momento y encontré mi voz para hacer este llamado. No soy evangelista, pero puedo evangelizar... y tú también.

Quiero contarte que casi siempre digo estas tres cosas:

- Si hoy reconoces que estás lejos de Dios y anhelas una relación personal con él, quiero orar contigo.
- Quizás has escuchado de Dios, de Jesús, pero nunca le has entregado tu vida, nunca le has pedido que te dé una vida nueva, nunca has puesto tu fe en él como tu Salvador. O pusiste tu fe en él en el pasado, pero sabes que te has apartado de Dios. Esta es tu oportunidad para reconciliarte con Dios.
- Quiero ayudarte a hacer una oración de perdón de pecados, de reconciliación con Dios. Quiero que la hagas con fe. Más que las palabras, es tu corazón. Repite conmigo: *Señor Jesús, gracias por amarme. Hoy quiero que seas mi Salvador, el líder (Señor) de mi vida. Creo y confieso que moriste en la cruz por mis pecados y resucitaste para darme salvación. Me arrepiento de mis pecados y recibo tu perdón total. Lléname con tu Espíritu Santo. Ven a vivir a mi corazón. Dame el poder de una vida nueva. A partir de hoy, creo que soy un(a) hijo(a) de Dios, que soy amado, perdonado, bendecido y que tengo vida eterna. Amén.*

Al terminar la oración digo algo como: «¡Felicidades! ¡Hay fiesta en el cielo y aquí también!», y los animo a dar su próximo paso. Cada iglesia tiene algo diferente; quizás el siguiente paso consiste en llenar una tarjeta de nuevo creyente o recibir una Biblia al final de la reunión, o puede ser pasar a un lugar de consolidación. Sea cual sea, el punto es que las personas den el siguiente paso en su crecimiento espiritual. Al final de cuentas, para eso predicamos: para reconciliar al mundo con Dios.

Dicho en otras palabras: en Cristo, Dios estaba reconciliando al mundo con él, no tomándole en cuenta sus pecados, y encargándonos a nosotros este mensaje de la reconciliación. Somos embajadores de Cristo. Dios les habla a ustedes por medio de nosotros: «En el nombre de Cristo les rogamos, ¡reconcíliense con Dios!
2 Corintios 5:19-20

En mi mente, un mensaje es *un gol* cuando dos cosas ocurren:

Los oyentes recuerdan el punto principal

Personas se reconciliaron con Dios

Si las personas recuerdan el punto principal, entonces es algo que van a comentar en la comida después de la iglesia. Van a pensarlo, meditarlo, van a tenerlo en su corazón a lo largo de la semana; la palabra de Dios produce fruto si la hemos recibido bien. Pero aun si se olvidan del punto principal, si hay personas que se reconcilian con Dios, valió ciento por ciento la pena el haber invertido las horas de estudio, de oración, la lucha con mis emociones de inseguridad y nerviosismo, el ridículo que sentí que hice durante alguna parte del mensaje, las críticas que llegué a recibir... todo vale la pena si una persona más va a estar frente al trono de Dios en la eternidad y va a ser recibido en su hogar celestial.

Sé que algunos piensan: «Pero Andrés, una oración no salva a las personas. Es la fe. Si tienen fe, ni siquiera tienen que repetir la oración. No hay salvación por repetir una oración». Quizás estén pensando en el pasaje de Hechos 10 en la casa de Cornelio, donde Pedro predica y, sin que haya una oración de confesión de fe, los oyentes son llenos del Espíritu Santo. Sí, es posible, y puede ocurrir, pero no es la norma. La norma está en Romanos, claramente explicada por el apóstol Pablo:

Más bien, nosotros predicamos el mensaje de fe que la Escritura enseña: «El mensaje está a tu alcance, en tu boca y en tu corazón». Si declaras con tu boca que Jesús es el Señor y crees de corazón que Dios lo levantó de entre los muertos, Dios te salvará. Porque a quien cree de corazón, Dios lo da por justo; y a quien reconoce a Jesús, Dios lo salva.
Romanos 10:8-10

Este pasaje es una clara exposición de la predicación y de la confesión que debe existir después de escuchar la predicación del evangelio. Repito lo que Pablo claramente dice: «Nosotros predicamos el mensaje; la salvación está a tu alcance, en tu boca y en tu corazón. Si declaras con tu boca que Jesús es el Señor y crees de corazón que resucitó, serás salvo».

Claro que hay personas que solo repitieron las palabras pero no ejercitaron su fe, por eso Pablo dice «si declaras con tu boca [...] y crees de corazón». Como predicador, yo no puedo obligar a un corazón a creer, esa gracia la da el Espíritu Santo, pero como predicador sí puedo y debo llamar a declarar y creer, y debo tener fe de que Dios activará la fe en los corazones de los que están declarando y confesando a Jesús como el Señor.

> TODO VALE LA PENA SI UNA PERSONA MÁS VA A ESTAR FRENTE AL TRONO DE DIOS EN LA ETERNIDAD Y VA A SER RECIBIDO EN SU HOGAR CELESTIAL

- Y tú, ¿cómo haces el llamado después de tu mensaje?
- O quizás eres un comunicador y no estás predicando, pero ¿qué haces para que, al final, las personas puedan responder al mensaje que comunicaste?
- Predicador, ¿qué tanta convicción tienes para ver a personas entregar sus vidas a Cristo? Aunque no seas evangelista, ¿sabes que tu identidad es la de un embajador que llama a todos a reconciliarse con Dios?

8
Siempre hay un mapa

Quienes están leyendo este libro y son comunicadores pero no precisamente dan mensajes de predicación pueden llegar a creer que no necesitan un mapa. Yo creo que sí. En toda comunicación, enseñanza, motivación, etc., necesitas un mapa, una ruta a seguir; incluso si solo vas a hacer un video de unos minutos, créeme, lo necesitas.

Puedes pensar en los elementos que contiene tu mensaje y luego aplicar algunos de los principios de este mapa o de algún otro que más te guste para desarrollar tu mensaje, pero comprométete a usar uno. Quizás para algunos el asunto de usar un mapa tiene que ver con personalidad y llamado, pero no, es un asunto de claridad y conexión. Mientras más claro sea tu mensaje y más puedas conectar con tu audiencia, más efectivo serás como comunicador.

Algo que me irrita mucho es que en ocasiones el mundo es más efectivo que los cristianos para comunicar. Creo firmemente que esto debe cambiar. Yo sueño con ver cristianos en todas las esferas de la vida siendo comunicadores efectivos: padres y madres, maestros, médicos, *influencers,* arquitectos, chefs, artistas, transportistas, administradores, etc. Si observas con detenimiento, te darás cuenta de que muchos de los líderes que ejercen influencia en la cultura de tal o cual esfera de la sociedad son comunicadores efectivos; en ocasiones es posible que comuniquen algo erróneo, pero lo hacen con efectividad.

Muchas veces este principio es verdad: *Una comunicación efectiva aumenta tu influencia y liderazgo.* Mi deseo, entonces, es ver que los seguidores de Cristo crezcan en influencia y liderazgo en esta generación. Estoy lejos de lo que quiero ver en mi propia vida en términos de comunicación y predicación, pero prosigo a la meta. No es elocuencia lo que busco, ni tampoco estrategias humanas de convencimiento, mucho menos manipulación para cambiar conductas; nada de esto tiene poder en el reino de Dios. Lo que busco y pido a Dios constantemente son tres cosas:

1 - Gracia para hablar

Sea vuestra palabra siempre con gracia, sazonada con sal, para que sepáis cómo debéis responder a cada uno.
Colosenses 4:6 RVR1960

Hay personas que tienen una *sazón* en sus palabras, en su comunicación, que hacen que quieras escucharlos (y no tiene que ver con el uso de discursos aduladores o humanamente elocuentes); son personas que tienen una especie de imán que te atrae a su voz y a sus palabras, y con ello te acercan al corazón de Dios. A esto es a lo que llamo *gracia para hablar*. Hay quienes nacen con ella, mientras que

EN OCASIONES EL MUNDO ES MÁS EFECTIVO QUE LOS CRISTIANOS PARA COMUNICAR

otros tenemos que aprenderla con humildad, de otros y de la palabra de Dios; es algo que «atrapamos» y aprendemos.

2 - Claridad al hablar

Pero háganlo todo de manera correcta y ordenada.
1 Corintios 14:40

He tenido la oportunidad de escuchar a dos personas explicar un mismo concepto: uno lo hizo con claridad y el otro no. ¿A quién crees que quiero volver a escuchar?

Sin duda hay personas con mucha gracia, que dicen cosas muy elocuentes, pero si no existe un orden en el desarrollo de las ideas, al final me encuentro preguntándome: «¿De qué habló? ¿Con qué me quedo?». Por eso insisto en un mapa, porque nos obliga a ser claros.

3 - Autoridad espiritual

La gente quedó maravillada de su enseñanza, porque Jesús hablaba con autoridad, y no como los maestros de la ley.
Marcos 1:22

¿Alguna vez has escuchado a alguien hablar con autoridad espiritual? No tiene que decir mucho, pero lo que dice atraviesa tu corazón. Es como si una parte de tu ser interior se despertara al escucharlo hablar. Sin usar palabras que te obligan, te sientes movido a tomar una decisión o arrepentirte de algo. Una palabra con autoridad espiritual tiene la capacidad de encender la imaginación de una persona. Cuando oigo hablar a gente con autoridad espiritual es como que oigo un mensaje dentro del mensaje: Dios hablándome a mí de algo muy personal al mismo tiempo que escucho al predicador. Es Dios quitando vendas de mis ojos para entender más allá de lo que he podido.

Me gusta pensar que nuestro espíritu es como un pozo. Las personas con autoridad espiritual tienen el pozo rebosando. Mi más grande aporte al arte de la predicación es cuidar la condición de mi espíritu. ¡Cuida el pozo! Pablo animó a Timoteo a cuidar el depósito que tenía; lo que había recibido era sagrado y como tal, tenía que cuidarse con temor y temblor. ¡Hagamos lo mismo!

Esteban

Un mapa de comunicación no va a darte la gracia ni tampoco la autoridad, pero sí va a darte claridad; y si a esa claridad le añades gracia y autoridad, es una bomba. A través de este libro estoy enseñándote cómo crecer en claridad. Yo no puedo darte la gracia y la autoridad, eso lo recibes de Dios, pero nadie nace con autoridad espiritual para hablar sino que esta se recibe y se desarrolla. Se recibe pidiendo en oración y creyendo con fe, pero es incluso más que eso: Dios da autoridad espiritual a quienes la desarrollan.

UN MAPA DE COMUNICACIÓN NO VA A DARTE LA GRACIA NI TAMPOCO LA AUTORIDAD, PERO SÍ VA A DARTE CLARIDAD

Entonces, ¿es un regalo o es un resultado? Las dos cosas. Es un regalo, porque Dios lo da; y es un resultado, porque debo crecer en ella y desarrollarla. ¿Cómo lo hago? Temo que este es un tema para otro libro, pero te comparto una breve lista para darte una idea:

- Sometiéndome a Dios y al liderazgo donde Dios me ha plantado.
- Honrando de corazón a los que me rodean (familia, colaboradores, etc.).
- Conociendo y estudiando la Biblia para mí mismo, no solo para predicar.
- Viviendo con integridad y no teniendo áreas ocultas en mi vida.
- Hablando con pasión y fe.

Por supuesto, la lista es más amplia y hay mucho más que decir al respecto. No hay atajos para desarrollar la autoridad espiritual, y para un comunicador cristiano no hay sustituto para la autoridad espiritual al hablar: es la diferencia entre escuchar un buen discurso y escuchar palabras de vida eterna.

9
Transiciones

Yo soy de los que aprendieron a manejar con un vehículo de transmisión manual, popularmente se lo conoce como *estándar*. Hoy en día, muchos ni siquiera saben qué es eso, solo presionan el botón de encendido del auto, lo ponen en D y se dedican a acelerar y frenar, pero los que aprendimos a manejar un auto estándar tuvimos que practicar mucho los cambios de velocidad: primera, segunda, tercera, cuarta y reversa; te diría quinta incluso, pero mi *Vocho* (un Volkswagen sedán de los de antes) no llegaba a tanto. Ahora hay hasta ocho y diez cambios de velocidad en los vehículos.

Este era el asunto: para empezar, tenías que presionar el freno, meter el *clutch* (o embrague, un pedal adicional ubicado a la izquierda del freno), mover la palanca a primera marcha, soltar el freno y acelerar poco a poco, mientras sueltas —también poco a poco— el *clutch* y ¡bam!, entra la velocidad y arrancas (bueno, las primeras veces más bien es ¡BAM! y se te apaga el carro). Es una transición que hay que aprender: en cada cambio tienes que meter el *clutch*, poner la velocidad, sacar el *clutch*, acelerar y seguir avanzando, velocidad por velocidad.

En un mensaje también hay cambios de velocidad. Estas transiciones se presentan cuando pasas de una a otra sección del mapa. Meter el *clutch* y cambiar de velocidad en la predicación consiste en elegir una frase que te ayude a hacer la transición lo más suave y fluida posible, para que no se te *apague el carro*. Te doy algunos ejemplos.

Transición de la lectura de pasaje al título:

- Si estás tomando notas, el título de mi mensaje de hoy es…
- Hoy he titulado mi mensaje…
- Quiero hablarles acerca de…
- El título del mensaje de hoy es…

Transición de título a historia de introducción:

- ¿Alguna vez te has pasado una luz roja? El otro día…
- ¿A alguien más le encanta el pastel de chocolate? Cada año, para mi cumpleaños…
- ¿Has visto las noticias recientemente? Ayer escuché que…

Transición de la introducción a la explicación del pasaje:

- Algo similar estaba pasándole a José en esta historia que acabamos de leer al inicio…
- Jesús también enseñó este principio en el pasaje que leímos…
- Pablo estaba igual de frustrado con la iglesia cuando les escribió esta carta…
- Exactamente así me sentí cuando leí este pasaje hace unos días…
- Este era el versículo favorito de mi mamá cuando me regañaba…

Transición de la explicación del pasaje al punto principal:

- Esto es lo que creo…

- Este pasaje nos enseña que...
- Me di cuenta de que lo que Dios busca de nosotros es...
- Si algo quiero que recuerdes o compartas en tus redes sociales (mi frase favorita) es...

Transición del punto principal a la tensión:

- Pero todos sabemos que esto no siempre funciona así...
- Seguro has escuchado a tu maestro de universidad decirte exactamente lo opuesto...
- Quizás hace un año intentaste hacer esto, pero no te salió, y ya no sabes si es cierto...
- La verdad, a mí no me gusta que Dios nos pruebe de esta manera. Yo...
- Si estás pasando por un sufrimiento, seguro estás confundido, porque no parece que Dios te ama como lo dice aquí...

Transición de la tensión al remate:

- ¿Puedes ver que el problema con esta afirmación no es que no sea cierta? Es que no hemos tenido la perspectiva correcta. La perspectiva debe ser...
- Creo que podemos estar de acuerdo en que, si superamos nuestro temor, vamos a ver que...
- ¿No crees que si Dios Padre amó a Jesús mientras sufría en la cruz, también te ama a ti mientras estás atravesando esta dificultad? ¿Puedes atreverte a confesar esto?
- Me di cuenta de que no es que el pasaje estaba equivocado, sino que había permitido que mi cultura me ayudara a interpretar la Biblia en lugar de que la Biblia me ayude a interpretar la cultura...
- Dios me mostró que no era mi esposa la que tenía que

cambiar primero, sino que era yo quien tenía que aceptarla primero...

Transición del remate a la aplicación:

- Si quieres ver esto suceder en tu vida, voy a darte tres ideas...
- Yo veo que David hizo tres cosas para demostrar su amor a Dios...
- Quiero compartir contigo tres principios para crecer en sabiduría...

No recomiendo preguntar: «¿A cuántos les gustaría...?» porque si por alguna razón no tuviste un buen remate, entonces no muchos van a responder y vas a perder la confianza (me pasa a menudo). Así que dale a la aplicación con toda la convicción, como si hubieras hecho un gran remate.

Transición de la aplicación a la inspiración:

- Es mi convicción que si seguimos el ejemplo de Jesús vamos a ver una mejoría en nuestras relaciones. ¿Puedes imaginar...?
- Realmente creo que Dios tiene algo mejor para ti. Si tan solo empiezas a caminar en la dirección correcta, verás a Dios sorprenderte. Hace un par de años...
- ¡Vamos, iglesia! Dios siempre cumple su palabra, y si él prometió que va a hacerlo, lo hará. Nos toca a nosotros dar este paso de fe. ¿Puedes creer que así será? Imagínate cuánto estrés menos tendrías si pudieras...

Transición de la inspiración al llamado:

- Quiero invitarte a hacer esta oración conmigo...
- Si Dios está hablándote de que tienes que...
- Si quieres romper esta adicción en tu vida, acompáñame a orar...

Transición al llamado de salvación:

- Todo esto lo hicimos el día de hoy para poder hacerte esta invitación...
- Si viniste por primera vez el día de hoy (quizás alguien te invitó o piensas que llegaste por coincidencia), quiero que sepas que Dios te trajo porque quiere una relación contigo...
- La decisión más importante de tu vida es dónde vas a pasar la eternidad...
- Quiero que tengas la oportunidad de reconciliarte con Dios el día de hoy...
- Si quieres conocer a Dios de una manera real, si quieres tener la misma experiencia de la que te he hablado hoy que yo tuve hace tiempo, quiero invitarte a...

Siéntete con libertad de copiar (o no) estas transiciones. Mientras más las practiques, más naturalmente sucederán en tu predicación. Pero hay ciertas transiciones que sí vas a tener que pensar y anotar, porque hay ciertos mensajes en los que, cuando pasas de un concepto a otro, puedes perder a tus oyentes, se te puede «apagar el carro» si no has desarrollado una transición adecuada para ese cambio de concepto o momento en el mensaje.

> Usualmente me gusta ver las transiciones como el mortero que une los ladrillos. Una predicación bien preparada y ejecutada tiene elementos de una construcción: vas poniendo un ladrillo a la vez, yendo de tensión a remate, pero lo que le da la fuerza al siguiente ladrillo es esa transición. De la misma forma usaría el ejemplo de una canción: las mejores canciones no ponen tu enfoque en la estructura de la canción, sino que su genio es sutil y las transiciones de la canción te llevan a disfrutar la música por completo.
>
> **Jesiah**

Tengo para ti las siguientes preguntas:

- ¿Qué tanto piensas en tus transiciones?
- ¿Qué tan importantes son para ti las transiciones en tus mensajes?
- ¿Ubicas las transiciones de otros comunicadores?
- ¿Cuáles son las transiciones más difíciles para ti?

10
Un tono de gracia

Fíjate con atención en los siguientes proverbios:

Las palabras amables curan y ayudan; las palabras cortantes hieren y mutilan.
Proverbios 15:4 (The Message)

La mirada que anima trae alegría al corazón, y las buenas noticias dan nuevas fuerzas.
Proverbios 15:30

Hace tiempo caí en la cuenta de que podía escuchar un mismo tema predicado por dos predicadores diferentes y vivir experiencias muy distintas, incluso opuestas. Uno me motivaba a seguir, a cambiar, a tomar un paso de fe, a levantarme, a arrepentirme, mientras que el otro me desmotivaba, me abatía, me acorralaba; me sentía condenado, sin ganas de cambiar. Hasta salía enojado después de escuchar la prédica. Pensé mucho al respecto: «¿Cuál es la diferencia entre estos predicadores? Los dos están predicando acerca del mismo tema; los dos están buscando un cambio en la misma área; los dos tienen muy buen contenido y son buenos comunicadores. ¿Cuál es la diferencia?».

Encontré algo que yo ahora llamo *el tono de gracia*. No sé dónde escuché por primera vez ese concepto, pero estaban hablando de otra cosa, no necesariamente de predicación.

Sin embargo, cuando escuché esa frase, inmediatamente respondí dentro de mí: «Esa es la diferencia: unos hablan con un tono de gracia y otros con un tono de legalismo». No quiero meterme en la doctrina de la gracia y de la ley porque este libro no es para eso, pero sí quiero proclamar con claridad que los que somos predicadores del evangelio somos anunciadores de buenas noticias, no de malas. Somos distribuidores de esperanza, somos portavoces de un salvador, no de un condenador, somos portadores del corazón de un Padre, no del de un tratante de esclavos, somos el reflejo del gozo del cielo y no del enojo del infierno.

También creo que podemos y debemos decir qué es pecado y condenarlo al ciento por ciento, pero creo que se puede —al mismo tiempo que condenamos el pecado— dar esperanza al pecador. No soy de los que creen que no se debe predicar en contra del pecado; el problema es que muchos predican en contra del pecador, y creo que debe predicarse más del ideal de Dios que del fracaso humano. Lo cierto es que puedes decir las mismas verdades con un tono de condenación o con un tono de gracia. Algunos no pueden creer que uno sea capaz de tocar ciertos temas complicados y lograr que no se sientan como condenación sino como una inspiración a cambiar. El tono de condenación busca regañarte por tu error, pero el tono de gracia busca ayudarte a salir de tu error; el tono de condenación se enfoca en tu fracaso, pero el tono de gracia se enfoca en tu futuro.

> **El tono de gracia siempre inspira. Esto es algo que Jesús siempre utilizó, y realmente podemos encontrarlo en muchas formas de arte también, pero el arte de predicar fue diseñado para inspirar mediante el Espíritu de Dios. En muchas ocasiones, la inspiración produce convicción... otra obra del Espíritu Santo. La condenación viene del enemigo, la convicción es un regalo del Padre.**
>
> **Esteban**

Es difícil enseñar un tono de gracia si nunca lo has escuchado. Es de esas cosas que se captan, se atrapan y asimilan al ver y escuchar a otros que sí lo tienen, pero voy a intentar dar algunos elementos clave que yo veo en los predicadores que procuran predicar con un tono de gracia:

1 - Ven portadores de la imagen de Dios

Al bajar Jesús de la barca vio a la multitud, y se compadeció de ellos porque parecían ovejas sin pastor. Y comenzó a enseñarles muchas cosas.
Marcos 6:34

Jesús veía a las personas como ovejas. Aun cuando no estaban siguiéndolo a él como su buen pastor, no los veía como cabritos rebeldes, los veía como ovejas que aún no tenían pastor. Dios ve hijos en toda la humanidad; aun cuando son huérfanos que se apartaron de su Padre celestial, Dios sigue viéndolos como hijos. Todos fuimos creados a imagen y semejanza de Dios y el pecado ha distorsionado nuestra capacidad para reflejarla, pero todos —justos e injustos— fuimos creados a imagen de Dios. Predicar con un tono de gracia es recordar que estamos hablando con portadores de la imagen de Dios y, por lo tanto, debemos mostrar compasión, respeto y empatía.

PREDICADORES DEL EVANGELIO SOMOS ANUNCIADORES DE BUENAS NOTICIAS, NO DE MALAS

Mientras estaba escribiendo este capítulo, literalmente, me llegó un mensaje vía Twitter de parte de María Margarita Giraldo. Ella me comenta que le gustan mis predicaciones pero que debería respetar más a mi congregación, que no es correcto que les diga «No están escuchándome» o «No están siguiéndome», sino que es mejor usar una pregunta, como «¿Cierto?» Le contesté y le agradecí su observación. Es increíble cómo una sola palabra cambia todo el sentido que puede tener la comunicación. Hay frases que hacen que el predicador suene como un erudito enojón que trata a sus oyentes como tontos ignorantes. No es que él realmente piense eso, pero algunas de sus actitudes o frases pueden faltarle el respeto a su audiencia.

Tener un tono de gracia implica que estamos hablando con individuos que llevan en sí la imagen del Dios del universo. Son personas increíbles, con un potencial divino; son muy, muy amados por Dios, y estaban en el pensamiento de Jesús cuando murió en la cruz por la humanidad. Hablemos de una manera que los haga sentir importantes para Dios y para nosotros. Siempre buscamos estar cerca de las personas que nos valoran, y si hacemos sentir valorada a nuestra audiencia, va a seguir cerca nuestro, pero lo que es más importante es que van a acercarse a Dios.

¡Uf! Amo que Andrés haya agregado esto al libro. Cuando mi hijo tenía unos 4 años empezó con la costumbre cómica de que cada vez que nos entregaba algo a mí o a mi esposa lo hacía inclinando su cabeza y estrechando su bracito, como si fuéramos su rey o reina. Le pedía que me pasara el control de la televisión y cada vez que lo hacía inclinaba su cabecita. Se veía tan propio y oficial que no podíamos contener la carcajada. Una de las veces que lo hizo, sentí que el Espíritu Santo me habló y me dijo: «Esa es la postura con la que quiero que prediques», y remarcó: «Inclínate ante la audiencia».

Claro que debemos tener un corazón reverente a Dios cuando predicamos, pero a muchos predicadores se nos olvida que es importante subir con un corazón inclinado hacia la iglesia: estamos para servir y lo hacemos con reverencia, honrando a nuestra audiencia.

Jesiah

2 - Corrigen la acción y construyen la identidad

Hace años, cuando mi hijo Jared tenía 2 o 3 años, estábamos en una reunión con misioneros y pastores de diferentes partes del mundo. Nuestro pastor Pablo estaba ahí y, en el receso, Jared estaba con nosotros comiendo una botana (un entremés mexicano). Empezó a hacer un berrinche impresionante (Jared tenía el grito más fuerte que jamás he escuchado en un niño pequeño), y entonces lo llevé fuera para platicar con él y corregirlo. Cuando regresé, mi pastor nos dijo: «Su hijo es increíble. Me encanta esa energía que tiene, va a ser un líder impresionante», y agregó: «Cuando corrijan a sus hijos, asegúrense de corregir la acción, pero nunca destruyan su espíritu; nunca destruyan su identidad, constrúyanla siempre».

En la práctica funciona así: un día le pedí a mi hijo Lucas que arreglara su cuarto, sus libros y su ropa, y que tendiera su cama. A los cinco minutos me dijo: «Ya terminé, ¿puedo jugar Xbox?». Fui a revisar su trabajo. Había arreglado las cosas a medias, pero todo seguía muy desordenado; había hecho un trabajo mediocre. Le dije: «Lucas, tú eres una persona de excelencia. Lo veo cuando juegas Xbox, lo veo cuando practicas tu guitarra, lo veo en la manera en que sirves a otros. Eres una persona excelente, pero este trabajo es mediocre; no es aceptable. Quiero que apliques la excelencia a tu cuarto también, y no puedes jugar Xbox hasta que lo hagas (un poco de motivación extra)».

Esa es una forma de corregir la acción y construir la identidad. Es común escuchar a padres decir a sus hijos que son mediocres y torpes, incluso usando palabras groseras e hirientes. Creen que no están diciéndoles que son tontos, pero cuando les dicen «no seas tonto», para ellos es una afirmación de que efectivamente ya lo son. Tus hijos van a llegar a ser lo que más afirmas en su identidad: si solo afirmas cosas negativas, eso va a florecer en su vida, pero si afirmas lo bueno de su identidad e incluso le hablas a su identidad divina (cosas que aún no ves pero que sabes que están ahí), entonces eso es lo que va a florecer en ellos.

Predicar con un tono de gracia no es evitar hablar del pecado, no es evitar la corrección o la confrontación; un tono de gracia consiste en corregir la acción y construir la identidad al mismo tiempo. Alguien que hace esto muy bien es el pastor Brian Houston (Hillsong Church); lo he escuchado corregir asuntos en su *staff* —e incluso en su iglesia— y al mismo tiempo recordarles que son increíbles.

Algo que he aprendido a hacer para construir la identidad es que, por ejemplo, si estoy hablando de matrimonios y estoy confrontando a los hombres en cuanto a su liderazgo en la casa, diré algo como: «La Biblia enseña que, si no tratamos bien a nuestras esposas, entonces Dios no escucha nuestras oraciones. Algunos están bloqueados en sus oraciones a Dios por tratar mal a sus esposas». Ahí está la corrección, pero luego volteo la moneda y les hablo de identidad: «Sé que estoy hablando con hombres que aman a Dios y

UN TONO DE GRACIA CONSISTE EN CORREGIR LA ACCIÓN Y CONSTRUIR LA IDENTIDAD AL MISMO TIEMPO

también a sus esposas. Sé que tienen el deseo de tratarlas con dignidad y estoy seguro de que Dios va a ayudarlos a ser el hombre soñado para sus esposas, y tengan fe en que, desde hoy, que están dando un paso en la dirección correcta, sus oraciones son recibidas en el cielo».

En una ocasión estaba hablando de la necesidad de perdonar a otros y enseñaba cómo al final de la oración del Padre Nuestro en Mateo 6, Jesús dice una especie de posdata: «Porque si no perdonas a los que te han ofendido, tampoco tu Padre en el cielo te perdonará». También leí la parábola en la que Jesús explica la deuda grande que le perdonó el rey a un hombre, y luego ese hombre no le perdonó una deuda más pequeña a otro; expliqué lo que significa el perdón verdadero, y luego llegó el tiempo de aplicar e inspirar. Comencé a decir que, si guardaban una ofensa contra alguien, estaban haciéndose daño a ellos mismos; y no solo eso, sino que el rencor nos estanca en nuestra relación con

Dios. Con esto le atamos las manos a Dios, porque Dios no nos perdonará si nosotros tampoco perdonamos. Después dije algo como: «No perdonar a otros es quizás uno de los pocos pecados que Dios no perdona». Eso fue confrontante y de corrección. Estaba a punto de decir algo como: «No puedes llamarte cristiano y guardar rencor», pero recordé el principio de construir la identidad.

También vi sus caras de temor, entonces hablé de identidad y les dije algo como: «Sé que es difícil perdonar, en especial si la ofensa es profunda, pero si Dios nos pide perdonar, es porque nos dio la capacidad de hacerlo. Reconocer todo lo que Dios te ha perdonado te hará más fácil perdonar a otros y, al hacerlo, experimentarás una libertad increíble. Creo que estoy hablando con muchos que van a atreverse a perdonar, a soltar ofensas y a convertirse en personas poco ofendibles. Tu familia va a inspirarse por tu nivel de perdón. Vienen tus mejores días [...]». Otras veces lo hago al revés: primero les hablo de su identidad divina, y luego los ayudo a ver cómo el pecado y la injusticia no nos van bien porque somos hijos de Dios (así como con mi hijo Lucas, a quien primero le hablé de su excelencia y luego de cómo tenía su cuarto).

Doy un último ejemplo. Mi hija Sofía tiene un carácter fuerte. Me encanta, pero también es un reto; piensa que ella es la que debe mandar en casa, se le olvida quiénes son papá y mamá y... pues, como has de imaginarte, de pronto se frustra. Puede faltarnos el respeto y gritar, o se enoja y se va a su habitación cuando las cosas no salen a su manera. Un tono de condenación le diría a Sofía: «Eres una gritona; ¡no seas tan enojona! Tu trabajo es honrar a tus padres [...]», pero el tono de gracia corrige y construye, entonces le digo así: «Sofía, me encanta que tengas un carácter tan intenso. Tienes un destino increíble y vas a cambiar el mundo; lo sé porque tienes un liderazgo muy fuerte y te gusta dirigir todo lo que sucede en la casa. Algún día lo harás, pero por ahora mamá y papá dirigimos la casa. Sé que nos amas mucho, que no quieres tratarnos mal y que no te gusta gritarnos; sé que tu deseo es respetarnos, pero cuando gritas y te vas enojada, eso es una falta de respeto. Yo quiero ayudarte, entonces cada vez que grites y nos faltes el respeto, vas a tener un *tiempo fuera*. Si esto sigue, voy a quitarte tiempo de televisión. Te amo». Nos abrazamos, y listo.

> **Esto es una forma de profetizar: llamar las cosas que no son como si fuesen. La profecía tiene muchas facetas, muchos matices; cada vez que hablamos la palabra de Dios sobre alguien es una profecía. No te detengas de hablar esa vida sobre las personas y de elevarlas a la identidad profética que tienen.**
>
> **Esteban**

3 - Apuntan al ideal de Dios

Un amigo me enseñó que el estilo de Jesús era enseñar el ideal de Dios y que los oyentes fueran motivados a dejar su estilo de vida equivocado y perseguir el ideal de Dios. Jesús enseñó de matrimonio y sexualidad cuando dijo: «El hombre dejará a su padre y a su madre y se unirá a su mujer y serán una sola carne. Lo que Dios ha unido que no lo separe el hombre». No pasó tiempo haciendo una lista de todos los pecados sexuales que ocurren entre un hombre y una mujer fuera de un matrimonio, sino que apuntó a todos hacia el ideal. Algunos teólogos judíos dicen que la máxima enseñanza acerca del sexo es precisamente ese pasaje que citó Jesús, que está en Génesis, porque al mismo tiempo de anunciar el ideal de Dios describe por contraste todo lo que no es aceptable para él.

Cuando yo hablo de pureza sexual hablo del ideal de Dios, digo cosas como: «El modelo que Dios diseñó para la humanidad consiste en que el sexo se disfrute dentro de una relación de matrimonio, entre un hombre y una mujer». Con esta frase indico el ideal de Dios. Luego explico cómo todos nosotros hemos faltado a ese ideal de una manera u otra (quizás en nuestros pensamientos o acciones, de solteros, de casados, en nuestra identidad), pero justo después hablo de cómo Jesús nos perdona de cualquier fracaso por alcanzar ese ideal y de cómo el Espíritu Santo nos ayudará a sanar nuestra sexualidad y, por su gracia, llegar al ideal de Dios en nuestra vida. Les recuerdo que fuimos creados para disfrutar del sexo, y que Dios quiere que sea algo que afirme y edifique nuestras vidas; menciono también que cuando practicamos el sexo fuera del ideal de Dios, esto nos avergüenza, nos trae culpabilidad y distorsiona nuestra capacidad para relacionarnos correctamente con otros. Luego hablo de todos los beneficios que trae practicar el sexo dentro del ideal de Dios; en otras palabras, quiero producir un anhelo por la santidad y evitar producir vergüenza en mis oyentes por su fracaso. Jesús no le dijo a la mujer adúltera que había fracasado sino que le habló del ideal, como podemos leer en Juan 8:11: «No te condeno [es decir, no me enfoco en causarte vergüenza por tu fracaso, eres perdonada], vete y no peques más [o sea, persigue un futuro mejor; busca el ideal de Dios]».

¿Cuál es el ideal de Dios con respecto al uso del dinero, las amistades? ¿Cuál es su ideal en nuestras emociones, en la familia, etc.? ¿Y cuáles son los beneficios de practicar esos ideales? A eso le llamo *tono de gracia*.

4 - Se enfocan en el futuro, no en el pasado

El tono de condenación se enfoca en tu fracaso pasado, el tono de gracia se enfoca en tu futuro posible. Jesús dijo a sus discípulos: «Síganme y los convertiré en pescadores de hombres» (Mateo 4:19). Sus discípulos no tenían un pasado brillante, ni siquiera el pasado «correcto» como para ser apóstoles. Eran pescadores sin estudios, cobradores de impuestos, hombres en ocasiones egocéntricos, que solo buscaban notoriedad, pero Jesús les dijo: «serán pescadores de hombres».

¿Puedes ver a tus oyentes con ojos de fe? ¿Puedes verlos libres para adorar a Dios? ¿Generosos con el mundo que los rodea? ¿Prósperos en sus familias y proyectos? ¿Viviendo en una santidad alegre? ¿O solo puedes verlos con ojos naturales: endeudados, ofendidos, tacaños y fracasados? Si puedes ver con fe el futuro que Dios tiene para ellos, entonces los inspirarás a perseguir un futuro mejor, no los condenarás por el pasado que hayan tenido.

Sí creo que el pecado destruye, corrompe, distorsiona y termina en muerte, pero también creo que Jesús perdona, redime, restaura, bendice y nos da vida en abundancia. Debo hablar del poder del pecado, pero debo hablar mucho más del poder de Jesús para darme un mejor futuro.

Pero, allí donde abundó el pecado, sobreabundó la gracia, a fin de que, así como reinó el pecado en la muerte, reine también la gracia que nos trae justificación y vida eterna por medio de Jesucristo nuestro Señor.
Romanos 5:20b-21 NVI

¡Que sobreabunde la gracia en nuestras predicaciones para ayudar a las personas que abundaron en pecado a buscar un futuro viviendo la vida en Cristo!

Hace ya unos años que mi esposa Kelly empezó a predicar. Primero lo hizo porque yo se lo pedía; yo sabía que tenía mucho que ofrecer y enseñar, pero ella no quería. Luego, cuando predicaba, ella sentía que lo hacía mal, que fracasaba. Yo trataba de decirle que lo había hecho increíble, que la práctica hace al maestro, que yo podía ver que tenía un potencial increíble para predicar y enseñar la Palabra, la animaba a no compararse con otros predicadores, ya que su identidad como predicadora

EL TONO DE CONDENACIÓN SE ENFOCA EN TU FRACASO PASADO, EL TONO DE GRACIA SE ENFOCA EN TU FUTURO POSIBLE

es única. Le decía que no había muchas predicadoras de habla hispana que fueran referentes en la iglesia, y que ella iba a inspirar a nuestra hija y a muchas mujeres más. Ahora Kelly ama predicar. Dios le habló muy fuerte al respecto: le dio promesas, una visión y una pasión por predicar. El futuro de Dios para ella fue más fuerte que el sentimiento de fracaso pasado. Y yo estoy tan emocionado por Kelly; hoy ya predica increíble, así que no puedo imaginar lo que será en unos años.

Una manera de ver este concepto de enfocarse en el futuro en lugar de hacerlo en el pasado es pensar en la diferencia entre *amenaza* y *oportunidad*. Yo podría decirle a Kelly que, si no predica, se va a perder de su propósito en la vida y va a estancarse en su ministerio, pero si bien mi intención es motivarla a predicar, al decir esto presento la «motivación» en forma de amenaza. La *amenaza* se enfoca en la acción equivocada y busca infundir cierto miedo si no hay un cambio. Prefiero usar la idea de *oportunidad*: «Si predicas, entonces entrarás a un nuevo nivel en tu propósito». La oportunidad se enfoca en las posibilidades que hay al dar un paso, se enfoca en el futuro posible.

5 - Edifican la iglesia, no regañan a una persona

En una ocasión, cuando empezaba a predicar, estaba muy molesto por la actitud de una persona en la iglesia. Al preparar mi predicación para ese fin de semana, yo solo podía pensar en esa persona: «Ojalá vaya a la iglesia este domingo, porque esta palabra es justo lo que tiene que escuchar». Pensaba esto una y otra vez, y frotaba mis manos con una actitud casi maquiavélica. «Sí; cuando escuche esto, no va a tener más opción que cambiar». O eso pensaba yo.

Prediqué mi mensaje y sucedió todo lo contrario… y peor. Esta persona no solo no cambió su actitud, sino que se empeñó aún más en su postura y causó muchos problemas. Por mi parte, durante esa prédica, lo único que sentí fue un peso enorme, como una opresión; no sentía libertad para predicar, y por momentos me sentía contento y justificado en mi postura de «sheriff espiritual», pero si soy honesto, me sentí muy limitado y abrumado.

El pastor Pablo Johansson siempre tiene una percepción profética.

En ese momento, sin saber nada, me dijo: «Nunca uses el púlpito para golpear a alguien o para ganar un debate personal con alguien; usa el púlpito para amar a la gente y glorificar a Dios». Lo entendí a la perfección: yo había usado el púlpito para atacar a un «rival», para debatir con alguien, y Dios no respalda eso. Me arrepentí y desde ese día decidí nunca más hacer lo mismo. Ahora no pienso en cómo corregir a una persona sino en cómo edificar a la iglesia con mis enseñanzas.

¿Cómo edifico la vida de las familias, empresarios, estudiantes, empleados, profesionales, artistas, deportistas, políticos, solteros, vendedores, etc.? No estoy parado en la plataforma para ganar debates teológicos o para dar un regaño pastoral a una persona, estoy ahí para derribar argumentos del enemigo y edificar las vidas de todos con amor, con la verdad y gracia de Dios.

> *[...] porque nuestra lucha no es contra seres humanos, sino contra los poderes, las autoridades y los gobernantes de este mundo en tinieblas; o sea, que luchamos contra los espíritus malignos que actúan en el cielo.*
> Efesios 6:12

El que usa el púlpito, un grupo pequeño o cualquier oportunidad de enseñanza o instrucción para dar un regaño a alguien, está actuando con cobardía. ¿Cobardía? Sí, porque debería confrontar con amor y verdad a la persona, uno a uno. Debería ser honesto con él o ella y buscar una mejora en la relación. Eso es valentía; eso es bíblico. Algunos se atrincheran detrás de un púlpito para soltar una bofetada y luego esconderse, pero sé que tú tienes el deseo de construir el futuro de las personas, de hablar vida a sus corazones y de edificar a tu audiencia. Estoy seguro de que Dios va a darte la perspectiva correcta y la sabiduría para hacerlo con un genio sobrenatural.

Por cierto, ¿notaste lo que hice en el párrafo anterior? Corregí la acción y construí la identidad. No los llamé «cobardes» sino que dije «actuar con cobardía», y luego hablé de mi confianza en el deseo de que todo lector pueda construir, aportar y servir a otros. Una vez más: esto es tono de gracia.

6 - Dan permiso para pensar

Esto ya lo expliqué anteriormente, pero vale la pena resaltarlo de nuevo en esta sección del texto. A quien veo hacer esto de una manera brillante es al pastor Brian Houston. Siempre formula preguntas para su audiencia, como: «¿Podría ser que tu actitud está robándote lo mejor de Dios para tu vida?» o «Y tú, ¿qué perspectiva tienes cuando pasas por un mal momento?». También usa frases como: «Muchas veces...», «En ocasiones...», «Frecuentemente...», y otras más como: «Es mi convicción...» o «Realmente creo que Dios puede...». En otras palabras, te da permiso para pensar en cuáles son tus convicciones personales, qué decisiones vas a tomar y qué vas a creer y practicar en tu propia vida. Eso me encanta. Quiero ser la clase de predicador y comunicador que enseña algo con total convicción y confianza de que es la verdad del evangelio, pero teniendo también compasión y empatía para permitirle a las personas pensar y decidir por ellas mismas.

Que Dios nos ayude a recordar que es el Espíritu Santo quien convence de pecado. Seamos sabios en el uso de nuestras palabras. No estoy diciendo que prediquemos con miedo a un mundo posmoderno de verdades relativas, estoy diciendo que prediquemos con confianza las verdades absolutas y que al mismo tiempo demos permiso intelectual a que cada uno dé pasos en su fe, a su propio ritmo.

7 - Se incluyen a sí mismos

Nunca me ha gustado escuchar a predicadores que solo están hablando acerca de su audiencia, siempre diciendo lo mal que está la condición del mundo y de la iglesia, siempre usando ejemplos de algún artista que se suicidó o de algún pastor que fracasó, o de cristianos fríos e indiferentes a la causa de Cristo. Predicadores, mujeres y hombres, que en ningún momento se incluyen a sí mismos en la predicación, como si ellos fueran perfectos y todos los demás estuviéramos mal, como si fueran superhumanos y *supercristianos* y los demás fuéramos cristianos de segunda clase. Este es un tono de condenación.

Un tono de gracia admite que todos tenemos problemas, que estamos en un proceso y que tenemos fallas. Un tono de gracia es predicar hacia ti también, admitir que tú y yo igualmente estamos aprendiendo; es usar ejemplos de tu propia vida y ser transparente con las dificultades y fallas que has tenido al aplicar algún principio a tu vida, a tus emociones, tu enojo, tu impaciencia, o a la manera en que te ha costado trabajo vivir en el ideal de Dios en alguna área de tu vida. Toma en serio el cargo de predicar, pero no te tomes tan en serio a ti mismo. Muestra tu humanidad, ríete de ti mismo; no necesitamos ver superhumanos, necesitamos ver humanos débiles que han sido fortalecidos por Dios. Sí, cuenta tus testimonios de

QUE DIOS NOS AYUDE A RECORDAR QUE ES EL ESPÍRITU SANTO QUIEN CONVENCE DE PECADO

victoria, pero también cuenta tus derrotas. Eso inspira al cambio, eso conecta, eso permite a la gente pensar: «Si él o ella pasó por eso y pudo levantarse, ¡yo también puedo con Dios!».

Ahora, debe haber un equilibrio en cuanto a ser transparentes: debemos ser abiertos y compartir nuestras fallas, pero tampoco debemos hacerlo de modo que se ponga en evidencia o se avergüence a nuestra familia, a nuestro matrimonio o a nuestro círculo cercano. En mi caso, para algunos ejemplos, pido permiso a mi esposa o familia para compartirlos cuando estoy en duda, ya que debemos cuidar también que las personas están viéndonos como un ejemplo a seguir. Por otro lado, hay diferentes niveles de madurez en la audiencia, los cuales pueden procesar diferentes ejemplos de diferentes maneras, y un ejemplo que puede ayudar a uno puede hacer tropezar a otro. La clave entonces es que seamos transparentes, pero con sabiduría.

Tengo un tatuaje del esqueleto de un oso en mi antebrazo con la cita de Isaías que dice: «Ve y quítate el saco de tu lomo y las sandalias de tus pies. Obedeciendo, ando desnudo, ando descalzo». Me lo puse porque cuando recién comencé a predicar pensé que se trataba de ser chistoso o elocuente. Un día, Dios me dijo que me parara frente al grupo de jóvenes y confesara tres diferentes pecados con los que seguía luchando. Lo formé como predicación y no tienen idea de cuánta vergüenza me dio pararme y hablar de esos temas. Al final del sermón, me impactó ver a muchos jóvenes llorando, la presencia de Dios fue tangible y creo que muchos fueron ministrados esa noche. Al final de la predicación me escondí en la tina de bautizos y le pregunté a Dios: «¿Qué fue eso?», y me respondió: «Te desnudaste como Isaías». Hasta la fecha, hago lo posible por ser vulnerable desde la plataforma, cueste lo que cueste.

Jesiah

Las mejores predicaciones son las que te predicas a ti mismo y donde casualmente existe una audiencia escuchándote. Todos estamos en el barco juntos, todos somos obras en proceso. En tantas ocasiones he querido poner un espejo frente al púlpito porque el mensaje que estoy dando es primeramente para mí; frases como «Yo también», «Esto me ha ayudado a mí» y otras por el estilo comunican la idea de que todos vamos avanzando. Unos van más lejos, otros van iniciando, pero todos estamos en este barco juntos.

Esteban

8 - Rehúsan criticar a otros que predican diferente

Yo admito que era uno de esos cristianos y predicadores que siempre veía los defectos en la predicación, comunicación y liderazgo de otros. Iba a alguna conferencia y decía: «Me gustó, pero no estoy de acuerdo con la manera en que enseñó esto» o «No me encantó la forma en que planteó esto». O sea, siempre tenía que ver la mosca en la sopa.

No sé de dónde aprendí esa cultura de crítica a otros pastores, pero es algo que Dios confrontó fuertemente en nuestras vidas. En 2010, en un evento al que fuimos para aprender, estábamos platicando en la cena y solo hablábamos de lo negativo que veíamos. De pronto, hicimos un alto en la conversación; nos dimos

LA CLAVE ES QUE SEAMOS TRANSPARENTES, PERO CON SABIDURÍA

cuenta de que no podíamos aprender de alguien si teníamos una actitud crítica y de orgullo. Fue muy claro que Dios estaba confrontándonos.

En ese tiempo hablé con Danilo Montero, pastor de la Iglesia Lakewood (en español), y le pregunté qué era lo que más admiraba de la cultura del pastor Joel Osteen, pastor principal de Lakewood. Danilo me dijo que Joel le pidió nunca usar el púlpito para criticar a otros pastores o iglesias, ni de manera general ni particular; le dijo que Dios ama a todo el cuerpo de Cristo y que todos en el equipo en Lakewood tienen el compromiso de no criticar a otros pastores, ni en privado ni en público, sino mostrar respeto y amor a todos. Esto me traspasó profundamente el corazón. Lo compartí con Kelly y juntos tomamos la decisión de abandonar una cultura de crítica y aprender a desarrollar una cultura de honra.

Pronto, comencé a darme cuenta de lo arraigada que estaba la cultura de la crítica en mi vida. Cuando predicaba tenía la tendencia a decir cosas como:

- «No puedo creer que otros pastores enseñen que el

infierno no existe»
- «Es triste ver que hay iglesias que controlan a su gente»
- «Hay iglesias atascadas en el pasado»
- «Hay pastores muy legalistas que solo enseñan reglas»

Decía estas frases para hacer una comparación con lo que yo estaba enseñando. Aun sin mencionar nombres, estaba atacando a otros para que, en contraste, nosotros pareciéramos mejores. A esto se le llama destruir a otros para construirte a ti mismo. No es honorable, no es amoroso, no es correcto… y nosotros no somos el apóstol Pablo como para adjudicarnos la autoridad de llamar a otros «falsos maestros».

Dios me retó a esto:

- Enseña lo que sabes que es verdad, sin atacar al que enseña lo contrario
- Promueve lo que crees, sin criticar a los que crean diferente

(Es más difícil de lo que parece, pero por la gracia de Dios cada año avanzamos hacia la meta).

Es interesante que, una vez que los discípulos le dijeron a Jesús que había alguien más echando fuera demonios, le preguntaron a Jesús si debían prohibirlo:

Juan le dijo: —Maestro, vimos a un hombre que echaba fuera demonios en tu nombre. Nosotros se lo prohibimos, porque no es de los nuestros. —¡No se lo prohíban! —respondió Jesús—. Nadie que realice milagros en mi nombre podrá hablar mal de mí. El que no está contra nosotros está a favor de nosotros.
Marcos 9:38-40

Los discípulos no querían que alguien fuera de su círculo hablara en el nombre de Jesús, pero él mismo les dijo: «No lo prohíban, no lo ataquen… déjenlo. Ustedes hagan lo suyo». Efectivamente, creo que hay personas que enseñan cosas falsas y que usan el evangelio para su beneficio personal, pero también creo que si te enfocas en predicar la verdad las personas van a ver la diferencia.

No te toca a ti silenciarlos, deja que Dios se encargue. Es muy apropiado aquí el dicho antiguo que reza: *Deja que Dios sea Dios.*

¡Auch! He sido encontrado culpable. Hace tiempo escuché al pastor Andrés hablar de esto y ha sido un reto que asumí: no tengo que aplastar a nadie para avanzar con el mensaje que tengo para dar. La realidad es que este vicio de aplastar a otros nace de un corazón de orgullo; y es el orgullo de nosotros, quienes dirigimos, lo que más daño le ha hecho a la iglesia en las últimas décadas.

Esteban

11
El trabajo del Espíritu Santo

Uno de mis pasajes favoritos en cuanto a la predicación está en el libro de Isaías:

> *Así como la lluvia y la nieve descienden del cielo y permanecen en la tierra para regarla, haciendo que la tierra dé grano y produzca semilla para el sembrador y pan para el hambriento, así es mi palabra. Yo la envío y siempre produce fruto. Realiza cuanto yo quiero y prospera en dondequiera la envíe. En gozo y paz vivirán. Montes y collados, árboles del campo, todo el mundo que los rodea, se regocijará. Donde hubo espinos crecerán abetos, donde crecían zarzas brotarán mirtos. Este milagro engrandecerá mucho el nombre del Señor y será eterna señal del poder y del amor de Dios.*
>
> Isaías 55:10-13

Este pasaje habla del poder de la palabra de Dios, tanto su palabra hablada en la eternidad como su palabra escrita en la Biblia, su palabra predicada por hombres y mujeres, y su palabra, que es Cristo, la Palabra encarnada. Me encanta porque dice: «Siempre produce fruto. Realiza *todo lo que quiero*, y prospera *dondequiera que la envíe*».

Ahora fíjate en el fruto y los resultados que promete: «En gozo y paz vivirán [...] todo el mundo se regocijará. Donde hubo espinos crecerán abetos y donde crecían zarzas brotarán mirtos». Ni el mejor predicador, maestro o comunicador puede lograr que una tierra que producía espinos ahora produzca árboles frondosos. Ni el más elocuente de los oradores puede hacer que un desierto sea campo fértil o que los montes mismos se alegren. Estamos hablando de cambios sobrenaturales en las vidas de las personas y en las ciudades donde Dios nos ha enviado. Esto me ayuda mucho porque en mi mejor día predicando recuerdo que no es *mi* predicación, es *Su* Palabra la que tiene poder, y aun en mi peor día, aunque no predico como quiero, su Espíritu Santo va a causar frutos y milagros que ni imagino, porque su palabra *siempre* produce fruto. *Siempre*.

Entender esto me ha ayudado a descansar en Dios. Antes de predicar, hago una oración que siempre es diferente pero que tiene la misma esencia. Primero le doy gracias a Dios por el privilegio de predicar; también le pido gracia, claridad y autoridad para hablar, pero además declaro que él va a usar la enseñanza

NI EL MEJOR PREDICADOR PUEDE LOGRAR QUE UNA TIERRA QUE PRODUCÍA ESPINOS AHORA PRODUZCA ÁRBOLES FRONDOSOS

para cambiar vidas, sanar personas, salvar almas. Le pido que tome mis palabras y las haga una palabra personal para cada uno y que produzca el fruto para el cual ha enviado su Palabra.

Orar y declarar estas verdades me ayuda a entender que sin la intervención del Espíritu Santo nada de lo que yo haga va a servir. Yo no cambio vidas, eso lo hace Dios. Esta perspectiva también me ayuda a evitar tácticas humanas para tratar de modificar la conducta de las personas, y me ayuda a recordar que, si presento a Jesús y su Palabra, entonces él va a revelarse a las personas y transformar sus vidas.

Me recuerda lo que dice el apóstol Pablo en Colosenses:

Tengan cuidado con las personas que intentan deslumbrarlos con discursos altisonantes y palabrería intelectual. Quieren

arrastrarlos a discusiones interminables que nunca llegan a nada. Difunden sus ideas a través de tradiciones humanas vacías y supersticiones vacías de seres espirituales. Pero esta no es la manera de Cristo Jesús. Todo lo que pertenece a Dios se expresa en él, para que puedan verlo y escucharlo con claridad. No necesitan un telescopio, un microscopio o un horóscopo para darse cuenta de la plenitud de Cristo y del vacío del universo sin él. Cuando llegan a él, esa plenitud se une a ustedes también. Su poder se extiende sobre todo.
Colosenses 2:8-10 (The Message)

Steve Brown, del ministerio *Key Life*, siempre inicia sus predicaciones con una oración muy poética por la audiencia. Él ora: «Jesús, ayúdanos a escuchar el suave sonido de tus sandalias caminando alrededor». Me encanta eso, porque me recuerda que mientras yo estoy predicando, Dios está hablando con cada persona presente; mientras yo predico un sermón, hay cientos de sermones siendo dados al mismo tiempo.

Jesiah

12
El dilema de la identidad

Una de las cosas para las que no estaba listo fue para enfrentar el aspecto público de ser un predicador y comunicador. Estás expuesto a que personas a las que no les gustó tu predicación puedan criticarte y rechazarte por tus palabras; también estás expuesto a que otras personas, que fueron muy animadas y bendecidas con tus palabras, te admiren... a veces en extremo. Esto comienza a afectar tu perspectiva de ti mismo y puede provocar una distorsión de tu identidad personal. Si sientes que lo hiciste muy bien, crees que eres un ganador, aceptado por Dios y por las personas; si sientes que lo hiciste muy mal, crees que eres un perdedor, rechazado por Dios y por las personas.

Todo comunicador y predicador corre el riesgo —e incluso tiene la tendencia— de confundir su identidad con su profesión. Esto es cierto en muchas profesiones, pero es muy real en la profesión de la comunicación. En mi caso, son fundamentalmente dos las áreas que he tenido que controlar para mantener una identidad sana.

1 - Mi habilidad / performance

Cuando aprendes a predicar, cada vez que predicas puede convertirse en un tormento: constantemente te comparas con otros predicadores que llevan más tiempo predicando que tú, analizas cada palabra que dijiste y que podrías haber dicho diferente, y cuando llegas a atorarte en una parte de tu mensaje, te causa ansiedad y vas creyendo que no eres bueno para comunicar. Eso a su vez golpea tu autoestima y tu identidad. Si no tienes cuidado, empieza a afectar cómo te percibes a ti mismo en la vida en general.

Tenemos que recordar que antes de ser predicadores y comunicadores somos hijos de Dios. Somos humanos. Somos amados. Ya somos ganadores, porque Jesús nos tuvo por dignos para servirle. Soy hombre, hijo, esposo, padre, amigo. Soy Andrés. Mi identidad es mucho más que mi habilidad para predicar o comunicar. Mi profesión no es lo que soy, es lo que hago. También debemos recordar que, para ser experto en cualquier cosa —como tocar un instrumento o practicar un deporte— se requieren diez mil horas de práctica. Así como lo oyes: *diez mil horas*. Una vez escuché al pastor Mark Driscoll decir que, para ser un predicador decente, se requieren trescientas horas de práctica. Decente, ni siquiera bueno, trescientas horas... ¿Cuántas horas has predicado?

Toma tiempo desarrollar tu voz; es un proceso lento, vergonzoso y de arduo trabajo. Es como aprender a tocar el violín en público: vas a hacer sangrar los oídos de algunos. Por eso es importante ponerte en una situación en la que tengas que hacerlo las veces que puedas. Cuando era pastor de jóvenes, tomé la decisión aparentemente egocéntrica de iniciar otros ministerios con la finalidad de predicar más. Predicaba con el grupo de jóvenes, pero después iniciamos un ministerio para universitarios, después agregamos reuniones de líderes donde daba otra enseñanza, y llegué al punto de tener que compartir dos o tres predicaciones diferentes por semana. ¡Pobre de aquellos que tenían que escucharme!

Jesiah

Es crucial que decidas que eres más que lo que haces y que seas paciente para llegar a la excelencia. No te compares con los que llevan cientos o miles de horas más que tú predicando: practica, practica, practica. Del otro lado de la moneda, cuando empiezas a mejorar y a recibir más aprecio y comentarios positivos, cuando la gente empieza a darte reconocimiento y elogios, puedes llegar a creer que si eres buen predicador eres exitoso en todo lo demás. Quiero aclarar esto bien: podrías pensar que como ya eres un buen predicador, entonces estás exento de mejorar como esposo, por ejemplo. Pablo lo dice mejor:

Por lo tanto, yo corro teniendo una meta bien clara; yo peleo para ganar, no como quien da golpes al viento. Más bien, como atleta, someto mi cuerpo y lo trato con rigor, no sea que, después de haber predicado a otros, yo mismo no esté en buenas condiciones y me eliminen.
1 Corintios 9:26-27

Pablo dice que es posible predicar y no saber vivir. Es una idea que muy sutilmente el enemigo va metiendo en nuestra mente. Nos lleva a pensar que, si somos buenos para predicar y hay personas que llegan a Cristo por nuestra comunicación, entonces es porque Dios aprueba la totalidad de nuestra vida y que, por lo tanto, no necesitamos estar alertas para mejorar en nuestra vida. Pero predicar bien no es señal de que Dios apruebe tu vida o de que tienes una identidad sana; solo es señal de que tienes un don, un llamado, y que has trabajado duro para predicar bien. Es por gracia que Dios nos usa a nosotros, personas débiles e imperfectas. El que predica y comunica debe constantemente recordar su identidad como persona antes que su profesión y seguir aprendiendo a vivir cada vez más la vida a la que Cristo nos ha introducido por su salvación.

No quiero predicar de generosidad y ser tacaño. No quiero predicar sobre santidad y vivir una doble vida. No quiero predicar de matrimonios unidos y ser un mal esposo. De hecho, me encanta que mi esposa y mi familia, todos, tengan los pies bien puestos en la tierra.

Cuando llego a casa luego de predicar el mejor mensaje de mi vida, sigo siendo Andrés: prendo la parrilla, cocino para mi familia, sirvo a mis hijos y a mi esposa. Antes de ser predicador, soy Andrés.

Quiero decírtelo de esta manera: *predicar bien no sana tu identidad. Más bien, una identidad sana es el fundamento para predicar bien.* Tu profesión no debe influenciar en tu identidad, sino que tu identidad debe influenciar en tu profesión.

¿Sabes quién eres en Cristo?

2 - Mi esfera de influencia

Una de las cosas que me sacaban de onda en un principio era que escuchaba a predicadores de mucha calidad que no eran conocidos, y luego escuchaba a predicadores que no eran tan buenos pero que eran muy conocidos, tenían mucha influencia y eran invitados a los mejores eventos y a las iglesias más grandes. De la misma manera, al visitar diferentes iglesias para aprender de otros, me tocaba ver que algunas iglesias muy grandes eran lideradas por un pastor que no era un comunicador brillante, mientras que otras iglesias pequeñas tenían predicadores excepcionales.

Para ser honesto, esto me confundía y me molestaba. Me molestaba porque era algo personal para mí: si esto efectivamente era cierto, entonces yo podría llegar a ser un gran predicador, pero eso no garantizaba que sería conocido o influyente, o que tendría una iglesia grande. Obviamente, hay muchas cosas equivocadas en esa declaración; y sí, efectivamente, ese era el problema: mi ego y mi perspectiva errónea.

Un día le pregunté a uno de mis mentores, Bob Sorge, qué pensaba de esto. Él me enseñó que Dios determina una esfera de influencia para cada uno, que esa esfera de influencia no la decidimos nosotros, la decide Dios. Me explicó que a nosotros nos toca maximizar la esfera de influencia que Dios nos dio, y no querer la de otro ni tampoco frustrarnos porque la nuestra no es tan amplia como quisiéramos.

Me dio ejemplos de grandes hombres y mujeres de Dios cuya influencia no era reflejo de su persona, más bien era un acto de la soberanía de Dios. Por cierto, Bob Sorge es uno de los mejores predicadores de nuestra generación, y me sorprende que no sea más conocido o influyente, pero él está feliz sirviendo en su esfera de influencia.

He notado algunas dinámicas con este asunto de la esfera de influencia. Por ejemplo, he aprendido que si te distraes frustrándote por tu poca influencia o te comparas con la influencia de otro (especialmente cuando crees que eres mejor comunicador que él), entonces estás perdiendo tiempo y energías creativa y emocional en lugar de realmente maximizar tu propia esfera de influencia; es decir, te limitas aún más a ti mismo. También he notado que cuando alguien no está contento con su esfera de influencia y en su lugar busca abrirse puertas por sí mismo

ES CRUCIAL QUE DECIDAS QUE ERES MÁS QUE LO QUE HACES Y QUE SEAS PACIENTE PARA LLEGAR A LA EXCELENCIA

para que, por mero esfuerzo humano, esa esfera crezca, ocurre lo opuesto; al inicio parece que su influencia crece, pero después de un tiempo —para cada uno es distinto y ocurre de distintas maneras—, en todos los casos esa influencia se esfuma tan rápidamente como llegó.

La verdadera influencia en el reino de Dios no se obtiene pateando puertas, se recibe cuando Dios te abre puertas. Sé que en el mundo material es al revés, en donde a veces tienes que tumbar las puertas que quieres abrir, pero la influencia en el reino de Dios solo puede recibirse, no puede ganarse. Por eso Pablo oraba para que Dios le abriera las puertas para predicar.

Oren con diligencia. Manténganse alertas, con los ojos bien abiertos en agradecimiento. No olviden orar por nosotros, que Dios abra puertas para contar el misterio de Cristo, incluso mientras esté encerrado en esta cárcel. Oren para que cada vez que abra la boca pueda hacerles a Cristo tan claro como el día.
Colosenses 4:2-4 (The Message)

Increíble es que Pablo, aun en la cárcel, sabía que Dios podía abrirle las puertas para predicar en más lugares. Fue ahí donde escribió varias de las epístolas y pudo predicar a muchos de los que conocía que trabajaban en el imperio romano. Ni una cárcel humana puede limitar las puertas que Dios puede abrirte. No te frustres si estás en un pueblo, en un lugar desconocido, o si sientes que no se te dan las oportunidades que mereces o que no tienes suficientes seguidores en las redes; sigue el ejemplo de Pablo y simplemente pídele a Dios que él abra las puertas, y sigue predicando el evangelio con claridad y pasión.

Nunca es buena idea «autoinvitarte» a predicar a un lugar, o comprar seguidores de Instagram para aparentar ser más popular de lo que eres, o violar los estándares de ética cristiana solo para obtener una oportunidad o ganar la admiración de otros, o usar elogios vanos para ganarte la lealtad de alguien que Dios ni siquiera ha llamado a seguir tu liderazgo. Esos son métodos humanos, carnales, y no tienen lugar ni funcionan en el reino de Dios.

También es cierto que a veces Dios abre puertas, pero nosotros no hacemos nuestra parte para aprovecharlas y mantener esas puertas abiertas. Puede ser que esperabas una invitación a un evento de miles pero te invitaron a compartir a una clase de veinte personas; si tomas eso como una puerta abierta de Dios y la aprecias, darás tu 100% ahí, de la misma manera que lo harías frente a miles. Abrazas la oportunidad con gracia, y empieza a correrse la voz de que eres alguien de excelencia, de humildad y de carácter; eso a su vez te ayuda a mantener la puerta abierta y quizás puede abrirte otras puertas más, pero si desprecias una puerta abierta de Dios, haces un trabajo mediocre y tratas mal a la gente que te invitó, puede ser que otras puertas que Dios quería abrirte tú mismo las hayas cerrado. Dios abre puertas con su gracia, pero tú las mantienes abiertas con tu actitud.

Ni tu habilidad para comunicar ni tu influencia como comunicador deberían determinar tu identidad. No creas que eres más porque tienes mucha influencia o que eres menos porque tienes poca influencia, decide que tu identidad va a ser más que eso, que tu identidad es de un servidor de Dios fiel y excelente, un hijo de Dios amado, un esposo, una esposa, un padre, una madre, un amigo, un hermano, un creativo, un apasionado. Supera la tentación de reducir tu identidad a tu habilidad e influencia actuales; más bien, que tu identidad sana eleve tu habilidad y tu influencia.

LA VERDADERA INFLUENCIA EN EL REINO DE DIOS NO SE OBTIENE PATEANDO PUERTAS, SE RECIBE CUANDO DIOS TE ABRE PUERTAS

> **Los mejores predicadores no necesariamente tienen las más grandes plataformas. Esto lo vemos en la vida del mártir Esteban, elocuente y poderoso predicador que no tuvo la oportunidad de estar ante grandes audiencias. Por cierto, toda esta idea la robé de una predicación del pastor Andrés... Eso vale, ¿no?**
>
> **Esteban**

Mi oración es que Dios te revele en tu ser interior quién eres en él y que, al estudiar más de Jesús y su Palabra, tu identidad sea fundada y arraigada en el amor de Dios, que seas un ejemplo de autoestima segura y sana para toda una generación, que está buscando modelos de vida más que predicadores elocuentes.

13
Todos tenemos un *mensaje*

Ver la vida y predicación de Bob Sorge me despertó al concepto de un mensaje de vida. Bob era dirigente de adoración, cantante y músico muy destacado, además de ser uno de los predicadores del momento en ciertos círculos en los Estados Unidos. También era un pastor muy exitoso, con una iglesia sana y creciente. A los 35 años, mientras dirigía la alabanza en una cruzada evangelística en otro país, se lesionó la voz; los médicos se equivocaron en su tratamiento y perdió su voz, la cual se redujo a un susurro. Cada vez que habla experimenta dolor. No puedes oírlo hablar a menos que haya absoluto silencio, y tiene que escribir todo en un papel para comunicarse, y cuando predica le suben el volumen casi al nivel de distorsión, y todos tienen que guardar silencio y prestar mucha atención para escucharlo.

En este peregrinaje de ya casi treinta años de su vida, Bob ha escrito libros, desarrollado enseñanzas y vivido una vida familiar y en Cristo que es absolutamente admirable. Su mensaje tiene que ver con intimidad con Dios y sufrimiento cristiano. Con solo pensar en él, soy motivado en mi relación con Dios y a tener una perspectiva correcta del sufrimiento. Es su mensaje de vida; vas a escuchar alguna dinámica de estas verdades en casi todos sus mensajes. Honestamente, es de los más profundos y brillantes maestros que he escuchado.

> **¿Puedes *repredicar* un mensaje? ¡Sí! Ojalá alguien me hubiera dado permiso cuando estaba comenzando. Al principio, preparaba un tema nuevo para cada vez que predicaba, aun en lugares distintos; me daba vergüenza que la gente pensara que estaba trayéndoles platillos viejos a la mesa. Ahora, con años de experiencia, he aprendido que a veces la comida recalentada sabe mejor: una predicación que ya diste puede cobrar nueva vida, o mejor aún, puede ayudarte a ir construyendo el mensaje de tu vida.**
>
> **Jesiah**

Cuando pienso en hombres y mujeres que admiro, pienso principalmente en una o dos cosas que he aprendido de ellos. Pienso entonces en mis pastores, Pablo y Gloria Johansson; lo que he aprendido de ellos es el mensaje del cielo en la tierra: la mirada en el cielo, los pies en la tierra. Saben profetizar, orar, son misioneros y humildes. Una probada del cielo, pero tienen los pies en la tierra. Son muy compasivos, humanos, reales, naturales, saben vivir, saben ser matrimonio, hablan un lenguaje entendible, se ríen mucho, disfrutan la vida, tratan a todos con dignidad y si los escuchas enseñar, vas a notar la combinación de estos dos principios en todo lo que enseñan.

Cuando pienso en mis papás, Juan y Marla, me quedo corto de palabras. Mi papá tiene un mensaje de vida que yo llamo *amor perseverante*. Siempre va a predicar del amor de Dios, de amar a otros y de perseverar, de buscar un avivamiento de amor para renovarnos y así permanecer, pero no solo lo predica: lo vive. Mi mamá tiene un mensaje de vida profético; ella, además de profetizar, siempre piensa y habla sobre lo que es correcto y lo que es injusto. Tiene opiniones muy fuertes y casi siempre tiene la razón (excepto cuando yo la tengo, ¡je!).

Pienso también en amigos y pastores conocidos de todo el mundo, y puedo identificar un mensaje que ellos me comunican. Ni siquiera tengo que escucharlos predicar; recibo ese mensaje por medio de la historia de sus vidas, por el enfoque de sus mensajes y por el ejemplo de su caminar con Cristo.

Digo esto en un libro de predicación porque creo mucho en el concepto de *largo plazo*. A veces estamos tan enfocados en el próximo mensaje que predicaremos, que se nos olvida que Dios está construyendo una historia con nuestras vidas y con nuestra predicación, que es una y la misma historia y que, al final, nuestra mayor predicación no va a ser la que más vistas tuvo en nuestro canal de YouTube, sino que nuestra mayor predicación va a ser la que la gente piense un instante al escuchar nuestro nombre.

Desarrollar un mensaje de vida es precisamente eso: hacerlo durante todo el recorrido de tu existencia. Estoy escribiendo este libro a mis 43 años; me siento joven, pero algo que tengo que recordar es que Dios sigue escribiendo mi historia. Mi predicación más elocuente va a ser mi vida: ¿qué mensaje van a recibir las personas cuando escuchen mi nombre? Honestamente no lo sé aún, solo sé que me enfoco en ser fiel, en dar el próximo paso, en predicar

DESARROLLAR UN MENSAJE DE VIDA ES PRECISAMENTE ESO: HACERLO DURANTE TODO EL RECORRIDO DE TU EXISTENCIA

el próximo mensaje que refleje el corazón de Dios, para ciertas personas y en ciertos momentos; en honrar a Dios lo mejor que puedo con mi vida, y Dios se encargará de ponerle el título al libro que es mi vida.

- ¿Quiénes son tus héroes de vida?
- ¿Qué mensaje escuchas cuando piensas en ellos?
- ¿Qué mensaje te gustaría que las personas reciban cuando escuchen tu nombre?
- ¿Piensas y vives para el largo plazo?

14
La encomienda sagrada

¿Alguna vez has hecho un viaje familiar para pasar tiempo juntos, pero apenas vas empezando el viaje y ya estás enojado con tu familia? Alguien no se levantó a tiempo, alguien usó más maletas de las acordadas (no diré quién), hay otro que va preguntando a cada minuto si ya llegamos, otro más que tiene la tendencia a perfumar el auto con olores no gratos, y otro que quiere parar cada hora para ir al baño. Y cuando ya no soportas más y estás harto, recuerdas que el propósito del viaje es precisamente enfocarte en pasar tiempo con estos humanos tan bellos y extraordinariamente imperfectos. Mira lo que dice Marcos:

> *Jesús subió a una montaña y llamó a los que él quiso; y ellos vinieron a él. De entre todos seleccionó a doce para que estuvieran siempre con él y salieran a predicar. A estos los llamó apóstoles, y les dio autoridad para echar fuera demonios.*
> Marcos 3:13-15

Jesús llamó a doce para estar con él, y que salieran a predicar. El llamado a predicar o comunicar es, en primer lugar, un llamado a una relación con Jesús y, en segundo lugar, es un llamado a proclamar, a tener un trabajo (apóstoles) y autoridad (sobre espíritus). Es interesante que a menudo nos enfocamos primero en las cosas secundarias: queremos primero autoridad, un título o un don para predicar, pero primero está el llamado a tener una relación con Jesús.

En diferentes momentos de mi carrera de predicación y comunicación, tal parece que se me olvida el propósito principal por el cual Dios me llamó a predicar: es para estar con él. Es casi como si predicar fuera la excusa para tener una relación. Como la comida que organizas con amigos: la comida es el pretexto, la amistad es el propósito. A veces la comida no es la mejor, pero las conversaciones y el tiempo juntos no tienen precio. El viaje familiar es la excusa, la familia es el propósito. No estoy diciendo que predicar el evangelio sea meramente una excusa; claro que es prioritario y fundamental, pero no es el propósito primario. El propósito central es que Jesús quiere que lo conozcas, y que tú seas conocido por él.

Predicador, predicadora: Jesús quiere pasar tiempo contigo. Quiere que escuches su voz para ti, que seas lleno de su Espíritu Santo, no solo para hacer milagros sino para tener intimidad con él. Quiere que estudies su Palabra, no solo para tener frases célebres o para ser un gran predicador sino para transformar tu corazón. Ese es el llamado sagrado del predicador: ser un amigo íntimo de Jesús.

Preparas un banquete para mí, en presencia de mis enemigos.
Me recibes como invitado tuyo, ungiendo con perfume mi
cabeza. ¡Mi copa rebosa de bendiciones!
Salmo 23:5

Una vez escuché que el verdadero ministerio no ocurre cuando vacías tu copa, sino cuando tu copa está rebosando; es decir, cuando permites que Dios llene tu copa, tu corazón, tu mente y tu espíritu con más de él, entonces tu copa rebosa. Es el «exceso» de lo que Dios te da lo que él quiere usar para bendecir a otros.

Creo que todo predicador y comunicador de la palabra de Dios debe tener el hábito de pasar tiempo con Dios. Es en nuestro tiempo con Dios que vamos a recibir palabra, inspiración, confrontación, dirección y unción. El hermano Wayne Myers es un héroe en la fe para un gran número de pastores y cristianos en México, alguien que Dios ha usado para enseñar a la iglesia mexicana una vida de fe y generosidad, que ha ayudado a miles de iglesias a construir sus edificios, y que además es la persona más generosa que conozco. Este hombre tiene 98 años de vida y más de setenta de ministerio, y dice que su secreto para tener un ministerio de larga vida, integridad e impacto es *leer toda la Biblia cada año y pasar tiempo en oración cada mañana.* Guau. Así de sencillo.

A MENUDO QUEREMOS PRIMERO AUTORIDAD, UN TÍTULO O UN DON PARA PREDICAR, PERO PRIMERO ESTÁ EL LLAMADO A TENER UNA RELACIÓN CON JESÚS

Si solo recuerdas una sola cosa de todo este libro, o si desarrollas un solo hábito como resultado de leerlo, mi esperanza sería que fuese esto: *Pasaré tiempo en adoración, oración y estudiando la Biblia todos los días.*

Esta es la oración más insistente del rey David y el secreto de su éxito:

> *Lo que pido de Dios, lo que más deseo, es el privilegio de meditar en su templo, vivir en su presencia cada día de mi vida y deleitarme en su perfección y gloria.*
> Salmo 27:4

Cuando el rey Saúl lo perseguía, David no lo mató aun cuando pudo hacerlo, porque David no estaba obsesionado con ser el rey de Israel sino que estaba obsesionado con conocer al *verdadero* rey de Israel (Dios). Años después, cuando su hijo Absalón le quitó el trono y lo buscaba para matarlo, David dijo: «Si Dios quiere darle el reino a Absalón, que así sea». Esto habla de un hombre que sabía que el llamado a ser rey de Israel era primeramente el llamado a una relación con Aquel que lo había llamado.

Mantén lo primero en el primer lugar de tu vida y tu llamado, y verás a Dios hacer mucho más de lo que puedas pedir o imaginar.

Apéndice: Bosquejos de Mensajes

BOSQUEJO 1
¿CÓMO ELIMINAR RELACIONES TÓXICAS?

Serie: RESET

https://www.youtube.com/watch?v=KZ8HKRx_G3g&t=8s

La semana pasada hablamos de hacer *RESET* en nuestros pensamientos. Tener PAZ es ponerme de acuerdo con Dios en mi mente. Hoy vamos a hablar de las emociones.

PASAJE:

Entrégale tus cargas al Señor, y él cuidará de ti; no permitirá que los justos tropiecen y caigan.
Salmos 55:22 NTV

Luego dijo Jesús: «Vengan a mí todos los que están cansados y llevan cargas pesadas, y yo les daré descanso. Pónganse mi yugo. Déjenme enseñarles, porque yo soy humilde y tierno de corazón, y encontrarán descanso para el alma. Pues mi yugo es fácil de llevar y la carga que les doy es liviana».
Mateo 11:28-30 NTV

TÍTULO:

¿Cómo eliminar emociones tóxicas?

EJEMPLO O HISTORIA PARA INICIAR:

¿Has tenido una emoción que no sabes de dónde vino (ansiedad, enojo, temor, irritabilidad, cinismo, desinterés, etc.) y está cansándote? - Adolescentes y mayores.

Salmos 55 dice «entrégale tus cargas al Señor, y él cuidará de ti. No permitirá que el justo sea MOVIDO».

Una carga es algo que alguien puso sobre ti, un depósito. Alguien hizo un depósito sobre tu vida, o tú mismo depositaste eso en tu vida.

Usar una pesa. No sé por qué me siento irritado, molesto, etc. (caminar con ella y hablar con ella un rato)
Cuando llevas una carga pesada empiezas a sentir dolor, irritación, y aun cuando te tomes una aspirina para el dolor, va a seguir doliéndote. Tienes que soltar la **CARGA.**

TRANSICIÓN PARA EL PUNTO PRINCIPAL:

Cansancio (emociones incorrectas) es el síntoma.
Carga pesada es la causa.
Salmos dice: «entrega tus cargas». Jesús dice: «toma mi carga».

PUNTO PRINCIPAL:

Para sanar tus emociones tienes que intercambiar tus cargas por la de Cristo.

TENSIÓN EN EL PUNTO PRINCIPAL:

Argumento: Solo necesitamos hacer lo correcto; no importan las emociones.

El tema es que está cansándote, y llega un momento en donde el cansancio te lleva a hacer, actuar y vivir de una manera que causa destrucción en ti y en los demás. Explotamos. (Ejemplo de chofer de camión)

Y la salvación, es precisamente, DESCANSAR de las cosas que cansan nuestro espíritu: culpa, vergüenza, afanes, vanidad, egoísmo.

Jesús vino a perdonar tus pecados, renovar tu mente, y también a traer DESCANSO a tu alma, a sanar tus emociones. Es tu herencia en Cristo.

REMATE:

Las personas con emociones SANAS toman decisiones SABIAS.

APLICACIÓN:

¿Cómo elimino esas emociones tóxicas? Intercambiando cargas.

1. CURIOSIDAD PARA DESCUBRIR LA CARGA

¿Por qué estoy desanimado? ¿Por qué está tan triste mi corazón? ¡Pondré mi esperanza en Dios! Nuevamente lo alabaré, ¡mi Salvador y mi Dios!
Salmos 42:11 NTV

Examíname, oh Dios, y conoce mi corazón; pruébame y conoce los pensamientos que me inquietan. Señálame cualquier cosa en mí que te ofenda y guíame por el camino de la vida eterna.
Salmos 139:23 NTV

¿Cómo me siento? ¿Por qué me siento así? ¿Cuál fue la primera vez que me sentí así? ¿Cuáles son los gatillos a esas

EMOCIONES? ¿Por qué siempre que veo a esa persona me siento así? ¿Siempre que veo algo tirado en la casa me pongo mal?

Me pasó justamente esta semana. Estaba preparando este mensaje, y a Dios se le ocurrió examinarme, probarme, sacar a la luz emociones tóxicas. Veníamos hablando con Kelly de que cuando sea mayor, me gustaría tener una casa en la playa... ¡Pelea!

¿Cómo me siento? ¿Por qué me siento así? ¿Cuál fue la primera vez que me sentí así?

2.   ENTREGAR MIS CARGAS A DIOS

Pongan todas sus preocupaciones y ansiedades en las manos de Dios, porque él cuida de ustedes.
1 Pedro 5:7 NTV

Si lees el Salmo 42, la carga de David es que las críticas y persecución de sus enemigos están agobiándolo. Piensa que Dios lo ha olvidado. **Se lo expresa a Dios.**

Las emociones expresadas pueden ser sanadas.

Estos días tuve una plática de corazón a corazón con Dios. Mi carga es que se me va a ir la vida y nunca cumplí mis sueños. Soy como un esclavo.

3.   TOMAR LA CARGA DE JESÚS

[El Espíritu del Señor está sobre mí; me ha enviado] a ordenar que a los afligidos de Sion se les dé gloria en lugar de ceniza, óleo de gozo en lugar de luto, manto de alegría en lugar del espíritu angustiado; y serán llamados árboles de justicia, plantío de Jehová, para gloria suya.
Isa   as 61:3 RVR1960

No es suficiente entregar una carga, hay que intercambiarla por la de Cristo.

Jesús dice: «Pónganse mi yugo. Déjenme enseñarles. Soy manso. Mi carga es ligera».

¿Cuál es la carga «ligera» de Jesús? Obedecer al Padre, ser manso.

Obedecer a Dios es muy costoso: va a matar tu carne, tus deseos, pero es la vida más ligera, libre y alegre.

Me pregunté: ¿Qué aprendo de Jesús en esto? ¿Qué debo hacer? Arrepentirme, someterme, humillarme con Kelly.
Me sentía estresado: Me di cuenta de que estaba distraído con las redes sociales.

Si lo que me carga es mi negocio: ¿qué puedo aprender de Jesús? ¿Obedecer?
- Voy a declarar que Dios es mi proveedor y que va a darme lo suficiente.
- Voy a buscar nuevas maneras de generar clientes, reducir mis gastos, etc.

Cuando intercambias la carga, Dios te sostiene.
Quizás pienses que ya has hecho esto antes, pero es un proceso de toda la vida.

INSPIRACIÓN:

Tu mejor vida/emociones no está en tus sueños cumplidos, está en seguir a Cristo.

BOSQUEJO 2
MEDITACIÓN QUE DA PAZ

Serie: RESET

https://www.youtube.com/watch?v=dPMx5DsBvKg

PASAJE:

> *¡Tú guardarás en perfecta paz a todos los que confían en ti; a todos los que concentran en ti sus pensamientos!*
> Isaías 26:3 NTV

> *No se inquieten por nada; más bien, en toda ocasión, con oración y ruego, presenten sus peticiones a Dios y denle gracias. Y la paz de Dios, que sobrepasa todo entendimiento, cuidará sus corazones y sus pensamientos en Cristo Jesús. Por último, hermanos, consideren bien todo lo verdadero, todo lo respetable, todo lo justo, todo lo puro, todo lo amable, todo lo digno de admiración, en fin, todo lo que sea excelente o merezca elogio. Pongan en práctica lo que de mí han aprendido, recibido y oído, y lo que han visto en mí, y el Dios de paz estará con ustedes.*
> Filipenses 4:6-9 NVI

TÍTULO:
Meditación que da paz

EJEMPLO O HISTORIA PARA INICIAR:
¿Alguna vez has sentido algo de ansiedad? Estás pensando en pedirle a la chica que te gusta que sea tu novia. Estás por terminar tu universidad y no sabes si vas a tener trabajo. Te preocupa el futuro, si podrás pagar la hipoteca de la casa. Un examen médico que tienes que tomarte por tu edad. A partir de

los 40 hay que hacerse un *check up* cada año. El tiempo en que esperas el resultado te produce ansiedad.

TENSIÓN EN LA EXPLICACIÓN DEL PASAJE:
Hemos creído que la tranquilidad es el resultado de tener todo resuelto.

EXPLICAR PASAJE:
Pero la Biblia promete **PAZ en medio del CAOS. Estos dos pasajes fueron escritos en momentos caóticos para el pueblo de Dios.**
Los dos relacionan PAZ con **PROTECCIÓN, con SER GUARDADOS.**

SHALOM: El significado de la palabra es *completo*, estar completo en nuestra salud. No hay piezas quebradas. Completo en nuestra familia y amistades. Completo en nuestra prosperidad. No nos falta nada. Completo en nuestra seguridad; en que estamos protegidos. Completo en el favor. Tenemos buena estima. Completo en nuestra salud. Somos espíritu, alma (mente) y cuerpo, y el deseo de Dios es que estemos completos.

EIRENE o Irene: viene de *eiro*, que significa UNIR. UNO. Completo. Completo en prosperidad, paz, quietud y descanso. **Es VOLVER a ser UNO otra vez**.

Es la idea de estar completo, saludable, de UNA PIEZA, próspero, tranquilo, descansado, con la perspectiva correcta, EN CUALQUIER SITUACIÓN.

TRANSICIÓN PARA EL PUNTO PRINCIPAL:

«Por eso dejará el hombre a su padre y a su madre, y se unirá a su esposa, y los dos llegarán a ser un solo cuerpo». Esto es un misterio profundo; yo me refiero a Cristo y a la iglesia.
Efesios 5:31-32 NVI

Kelly y yo somos uno. Hicimos un pacto de matrimonio. Tenemos intimidad física. Somos UNO. Pero Kelly y yo tenemos que trabajar para ponernos de acuerdo una y otra vez, porque si no, no hay PAZ.

PUNTO PRINCIPAL:

PAZ es una promesa que recibo al ponerme de acuerdo con Jesús.

REMATE:

La *meditación bíblica* me ayuda a estar de acuerdo con Dios en mi mente.

APLICACIÓN:

En tus mandamientos meditaré; consideraré tus caminos. Me regocijaré en tus estatutos; No me olvidaré de tus palabras.
Salmos 119:15-16 RVR60

Meditar:

1. es conversar

Meditaré - Ponderar, pensar - **conversar**, hablar, cantar con uno mismo, o en oración con Dios.

Para meditar en algo o alguien se requiere tomarse el tiempo para hacerlo.

Kelly me decía que cuando ella escribió su libro sobre adoración le sorprendió que había mucha información dentro de ella. Tanto de la Biblia, de Dios y de la adoración. Y meditar es como escribir, es pensar, escribir, hablar y orar lo que estamos meditando.

2. es contemplar

Consideraré tus caminos

- *nâḇaṭ*: ESCANEAR, mirar con intencionalidad, contemplar, respetar.

Miren los pájaros. No plantan ni cosechan ni guardan comida en graneros, porque el Padre celestial los alimenta. ¿Y no son ustedes para él mucho más valiosos que ellos?
Mateo 6:26 NTV

Por último, hermanos, consideren bien todo lo verdadero, todo lo respetable, todo lo justo, todo lo puro, todo lo amable, todo lo digno de admiración, en fin, todo lo que sea excelente o merezca elogio.
Filipenses 4:8 NVI

Ejemplo: ENTRENARME A VER Y PENSAR - puesta del sol - ETERNIDAD.

3.   es contentarme

Me regocijaré - šâʻaʻ: acariciar, recibir placer, entretenerse con algo.

Es <u>elegir</u> disfrutar de Dios y su Palabra, es encontrar nuestro <u>gozo</u> en sus promesas.

Adquirir un gusto. Tu paladar quizás no gusta del café. Y está bien, no hay problema, pero el paladar puede entrenarse para disfrutar diferentes sabores. **Países extraños...**

El nombre del Señor es una torre poderosa; los justos acuden a ella y están a salvo.
Proverbios 18:10

INSPIRACIÓN:

Dios es nuestra paz, guarda nuestra mente y corazón. Tú y yo tenemos que correr a la torre que es Dios. La paz consiste en correr a Dios una y otra vez.

La meditación de la Biblia diariamente me meterá una y otra vez a esa torre.

No vivas un solo día, el resto de este año, sin meterte en la torre del nombre del Señor. Mientras más estás allí: más sabiduría, mejores decisiones, mejores resultados, crecimiento.

Dios está tratando de darte paz... ¿Con quién vas a ponerte de acuerdo?

BOSQUEJO 3
UN ESPÍRITU PIONERO

Mensaje predicado en un aniversario de la iglesia Más Vida.

---

https://www.youtube.com/watch?v=529JkV8sl90

PASAJE:

En efecto, a fin de llevar a muchos hijos a la gloria, convenía que Dios, para quien y por medio de quien todo existe, perfeccionara mediante el sufrimiento al autor de la salvación de ellos.
Hebreos 2:10 NVI

Fijemos la mirada en Jesús, el iniciador (pionero) y perfeccionador de nuestra fe, quien, por el gozo que le esperaba, soportó la cruz, menospreciando la vergüenza que ella significaba, y ahora está sentado a la derecha del trono de Dios.
Hebreos 12:2 NVI

TÍTULO:

Un Espíritu pionero

EJEMPLO O HISTORIA PARA INICIAR:

Historias: Mi papá - pintando una van de color azul… ¡con brocha! La iglesia en Lázaro Cárdenas, nuevas iglesias en la costa. La iglesia en Morelia.

TRANSICIÓN PARA EXPLICAR EL PASAJE:
La actitud de un <u>pionero</u> es hacer lo que se requiere para lograr un sueño.

EXPLICAR PASAJE:

Jesús vino a hacer algo que nunca se había hecho: un justo murió por pecadores.
<u>Quería algo:</u> nos quería a nosotros, y tuvo que ser un pionero, hacer algo que él nunca había hecho.

TENSIÓN EN LA EXPLICACIÓN DEL PASAJE:

¿Qué es lo que quieres o necesitas, que aún no tienes? Tendrás que hacer algo que nunca has hecho.

PUNTO PRINCIPAL:

<u>Los deseos de Dios se cumplen a través de pioneros.</u>

TENSIÓN DEL PUNTO PRINCIPAL:

Pero… ¡yo no soy un pionero!

REMATE:

No tienes que ser un pionero en todo para ser un pionero. Necesitas una motivación suficientemente grande.

APLICACIÓN:
Activa el espíritu pionero que Dios ha puesto en ti.

1.   Los pioneros se consideran a sí mismos como autores

Jesús es el autor de nuestra SALVACIÓN.
Terminé mi primer libro. Es un libro para ayudar a personas que tienen el deseo de predicar, enseñar, comunicar.

Ser un pionero, es creer que puedes ser parte de la SOLUCIÓN a un problema.

2. Los pioneros ven el futuro con gozo

[...] por el gozo que le esperaba, soportó la cruz [...]

Cuando teníamos una imposibilidad como iglesia, mi papá siempre decía: DIOS VA A HACER UN MILAGRO; LO HA HECHO ANTES, VOLVERÁ A HACERLO. Tenía una risa de fe. Pablo Johansson siempre nos decía así: «Van a lograrlo».

¿Cómo ves tu futuro? ¿Hay algo que ves en tu futuro que te causa tristeza?

3. Los pioneros soportan el sacrificio personal.

[...] soportó la cruz [...]

Para el PIONERO, el sacrifico personal no es un desperdicio, es una inversión.

Shark Tank (*reality show* estadounidense) - algunos me hacen llorar por la manera en que invirtieron en sus proyectos todo lo que tenían.
Amazon – durante los primeros seis años, en noviembre y diciembre, todos los trabajadores del corporativo iban al centro de distribución a empacar a mano todos los pedidos.

4. Los pioneros ignoran la vergüenza

[...] soportó la cruz, menospreciando la vergüenza que ella significaba [...]
La cruz era señal de vergüenza. Un criminal. Un maldito. La peor muerte. **Solo Jesús y el Padre sabían lo que estaba sucediendo en la cruz;** los demás solo veían el ridículo.

Cuando teníamos una carpa naranja en el terreno - se burlaban de nosotros.

No te compares. ¡Estás haciendo algo NUEVO en el poder del Espíritu Santo!

5. Los pioneros necesitan una identidad sana

[...] ahora está sentado a la derecha del trono de Dios.

Jesús sabía que el Padre le había dado autoridad sobre todas las cosas, y que él había venido de Dios y a Dios iba a regresar,
Juan 13:3

Tu identidad no es un momento en tu historia. Tu identidad es tu origen y destino.

Una carrera exitosa no sana tu identidad. Una identidad sana es el fundamento de una carrera exitosa.

¡Gracias por haberme hecho tan admirable! Es admirable pensar en ello. Maravillosa es la obra de tus manos, y eso lo sé muy bien.
Salmos 139:14

INSPIRACIÓN:

Es tiempo de ser pioneros otra vez, de disfrutar NUEVAS PROMESAS.
Si aún hay promesas de Dios, sueños en tu corazón, que no se han cumplido, es porque Dios quiere que seas pionero en esa área de tu vida.

¿Cómo sería tu futuro si hoy te atreves a ser un pionero?

BOSQUEJO 4
PLANTADOS BAJO CEMENTO

Serie: IMPARABLES

---

https://www.youtube.com/watch?v=3BxifntPRhA&t=562s

PASAJE:

«Esto dice el Señor de los Ejércitos Celestiales, Dios de Israel,
a los cautivos que él desterró de Jerusalén a Babilonia:
"Edifiquen casas y hagan planes para quedarse. Planten
huertos y coman del fruto que produzcan. Cásense y tengan
hijos. Luego encuentren esposos y esposas para ellos para que
tengan muchos nietos. **¡Multiplíquense! ¡No disminuyan!** Y
trabajen por la paz y prosperidad de la ciudad donde los envié
al destierro. Pidan al Señor por la ciudad, porque del bienestar
de la ciudad dependerá el bienestar de ustedes".
»Esto dice el Señor de los Ejércitos Celestiales, Dios de Israel:
"No permitan que los engañen los profetas y los adivinos
que están entre ustedes en la tierra de Babilonia. No presten
atención a sus sueños, porque les dicen mentiras en mi
nombre. Yo no los envié", dice el Señor.
»Esto dice el Señor: "Ustedes permanecerán en Babilonia
durante setenta años; pero luego vendré y cumpliré todas
las cosas buenas que les prometí, y los llevaré de regreso a
casa. Pues yo sé los planes que tengo para ustedes —dice el
Señor—. Son planes para lo bueno y no para lo malo, para
darles un futuro y una esperanza. En esos días, cuando
oren, los escucharé. Si me buscan de todo corazón, podrán
encontrarme. Sí, me encontrarán —dice el Señor—. Pondré fin
a su cautiverio y restableceré su bienestar. Los reuniré de las

naciones adonde los envié y los llevaré a casa, de regreso a su propia tierra".
Jerem   as 29:4-14 NTV

TÍTULO:

Plantados bajo cemento

EJEMPLO O HISTORIA PARA INICIAR:

Cuando pavimentamos el estacionamiento del campus Cumbres (Morelia), a los pocos días había una sección donde estaba creciendo pasto, mucho pasto. No importa qué hacíamos, el pasto seguía creciendo... era imparable. Lo increíble es que el pasto era más verde ahora atravesando el pavimento que antes de construirlo. El pasto y las plantas pequeñas tienen la capacidad de florecer cuando se les pone un límite externo. La vida interna, sus raíces, son más fuertes que las limitaciones externas. Son imparables.

EXPLICAR PASAJE:

Esto ilustra el mensaje de Jeremías a Israel - van a CRECER aun cuando están bajo la OPRESIÓN, LA PRESIÓN DE BABILONIA.
El pueblo de Dios, Israel, vivió setenta años bajo el imperio de Babilonia. Tuvieron que salir de su tierra, de Jerusalén, y vivir bajo la OPRESIÓN de otro país. Es un tipo de cuarentena, con limitaciones a su vida normal. Este período se siente como estar bajo la OPRESIÓN de una enfermedad global. Es muy real.

Pero Dios les mandó decir: «Yo tengo buenos planes para ustedes, un buen futuro. Van a estar aquí un rato, pero voy a hacerlos crecer y prosperar aquí mismo».

TENSIÓN EN LA EXPLICACIÓN DEL PASAJE:

Muchos están esperando la vacuna. Yo también. Espero que, por el bien de todos, pronto podamos tener una vacuna. QUEREMOS quitarnos la losa, el concreto.

¿Qué tal si el futuro que Dios quiere está desarrollándose en el presente que no queremos?

Jeremías les dijo: «Este presente va a durar setenta años». **Setenta puede significar *el tiempo necesario para hacer lo que Dios quiere hacer.***

TRANSICIÓN PARA EL PUNTO PRINCIPAL:

JEREMÍAS LES DICE: ¡MULTIPLÍQUENSE, NO DISMINUYAN!

• **Cuando Dios me habló de ampliar el auditorio en Morelia. «Tu peor temporada es mi mejor temporada… Ahí puedo enseñarte de lo que soy capaz».**

La iglesia de Jerusalén sufrió una gran persecución, y tuvieron que huir a diferentes regiones. Lo que pasó fue que se levantaron nuevas iglesias: más cristianos.

PUNTO PRINCIPAL:

Lo que tiene vida crece donde sea.

Isaías 11:10 - **Jesús, la raíz de Isaí que brotará.**

REMATE:

**La FE transforma la presión en crecimiento.
La FE transforma el concreto en una huerta.**

TENSIÓN EN EL PUNTO PRINCIPAL:

Algunos preguntan: «¿Y qué de la parábola del sembrador?». Plantados junto al camino… o con las espinas… se ahogan.

Jesús estaba hablando del afán interno del corazón, que es cuando la presión está adentro de ti. La fe mantiene la presión afuera.

APLICACIÓN:

Tres áreas de crecimiento en esta temporada de presión.

1.   Proyectos familiares

Construyan casas, planten huertos, cásense, etc.

Pau, proyecto de Barre...
Debb y Mike se casaron, otros han tenido bebés...
Alguien le escribió a Kelly la semana pasada y le dijo que su papá, que era ateo, estaba viendo su mensaje. Me han comentado que familias que nunca habían ido a la iglesia están conectándose a la reunión...

Si tenemos un futuro y una esperanza, **¿qué estamos haciendo hoy para planificar nuestro futuro?**

2.   Prosperidad de la ciudad

[...] trabajen por la paz y prosperidad de la ciudad donde los envié al destierro. Pidan al Señor por la ciudad [...]

Debe interesarnos la prosperidad de nuestra ciudad.

Los falsos profetas les decían: «No hagan amigos, no hagan negocios, ni si quiera oren por la ciudad sino que oren para regresar a Jerusalén. Mientras yo esté bien, no pasa nada».

Jeremías les decía: «Van a regresar. Tranquilos. En su tiempo van a regresar, pero aquí y ahora deben trabajar por la prosperidad de su ciudad».

¿Qué estoy haciendo para que prospere mi ciudad?

- Colegio Libertad
- Amo mi ciudad

3.   Prioridades en el corazón

[...] En esos días, cuando oren, los escucharé. Si me buscan de todo corazón, podrán encontrarme. Sí, me encontrarán —dice el Señor—.

Hay tres cuarentenas de ayuno en la Biblia: Moisés, Elías y Jesús.

- Moisés regresó con la cara brillando por la gloria de Dios.
- Elías regresó para ungir al próximo rey y profeta.
- Jesús regresó en el poder del Espíritu Santo - Lucas 4.

Cada cuarentena en la Biblia resultó en mayor unción, gracia e influencia.

INSPIRACIÓN:
¿Podemos ver esta cuarentena como una oportunidad para llegar a un nuevo nivel?

Jesús regresó a Galilea en el poder del Espíritu, y se extendió su fama por toda aquella región.
Lucas 4:14 NVI

Bibliografía y recursos

-Evans, R. *El despertar.* Editorial Más Vida. Segunda edición.

-Evans, R. *La profecía.* Editorial Más Vida.

-Jones, L. & Stanley. A. *Comunicación: la clave para lograr cambios duraderos.* Grand Rapids. Editorial Peniel. (2008).

-Predicación: *El plan dentro del plan.* 19 y 20 de noviembre de 2016.
https://www.youtube.com/watch?v=7yQlcGUulFU

-Predicación: *El milagro está en tus manos.* 26 y 27 de septiembre de 2020.
https://www.youtube.com/watch?v=w0So5qnfSfo&t=1s

Sigue en todas tus redes a:

SÉ PARTE DE LA MAYOR COMUNIDAD DE EDUCADORES CRISTIANOS

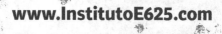

¡SUSCRIBE A TU MINISTERIO PARA DESCARGAR LOS MEJORES RECURSOS PARA EL DISCIPULADO DE LAS NUEVAS GENERACIONES!

Lecciones, bosquejos, libros, revistas,
videos, investigaciones y mucho más

e625.com/premium

ZONA DE CONTENIDO
PREMIUM

Suscripción de **materiales premium** para iglesias

Recursos gratis

Tienda con envíos internacionales

Chat en tiempo real

Revista Líder 6.25

INSTITUTO e6 25

Educación online **www.institutoe625.com**

Eventos de **actualización** ministerial

Seminarios para iglesias locales

Libros Online

e625.com TE AYUDA TODO EL AÑO